Guttentag'sche Sammlung
Nr. 50. Deutscher Reichsgesetze. Nr. 50.
Text-Ausgaben mit Sachregister.

Viehkauf

(Viehgewährschaft)

nach dem Bürgerlichen Gesetzbuche.

Mit Einleitung, Erläuterungen und Sachregister

von

Dr. Hans Stölzle,
Rechtsanwalt in Kempten (Bayern).

Nebst einem Anhang:

Kaiserliche Verordnung vom 27. März 1899, betreffend die
Hauptmängel und Gewährfristen beim Viehhandel.

Erläutert von

Heinrich Weiskopf,
Königl. Kreisthierarzt
der k. Regierung von Schwaben und Neuburg in Augsburg.

Zweite verbesserte Auflage.

Berlin 1900.
J. Guttentag, Verlagsbuchhandlung,
G. m. b. H.

Vorwort zur ersten Auflage.

Die Neuheit und Schwierigkeit der Bestimmungen des BGB. über die Gewährleistung von Mängeln beim Viehhandel veranlaßte mich, über diese Frage eingehende Untersuchungen anzustellen. Ich habe den juristischen Theil bearbeitet, Herr Kreisthierarzt Weiskopf in Augsburg hatte die Güte, die Erläuterung der in der kaiserlichen Verordnung vom 27. März 1899 enthaltenen Gewährsmängel zu besorgen.

Möge die Arbeit einen kleinen Beitrag zum besseren Verständniß des Gesetzes liefern.

Kempten im Allgäu, am 1. Mai 1899.

Dr. **Hans Stölzle,**
Rechtsanwalt.

Vorwort zur zweiten Auflage.

Wider Erwarten schnell — nach etwas mehr als einem halben Jahre — wurde ich mit der Bearbeitung der zweiten Auflage dieses Werkchens befaßt.

Der ungemein rasche Absatz des Werkchens ist mir ein Beweis dafür, daß es für geeignet befunden wurde, den Bedürfnissen der Praxis zu dienen und zum besseren Verständniß des Gesetzes beizutragen.

Die zahlreichen Rezensionen von juristischer und thierärztlicher Seite haben sich übereinstimmend anerkennend über die Brauchbarkeit des Werkchens ausgesprochen und es haben insbesondere auch die gemeinverständlichen thierärztlichen Erläuterungen meines sehr verehrten Herrn Mitarbeiters, des Herrn Kreisthierarztes Weiskopf allgemein Anerkennung gefunden.

Ich habe für die neue Auflage die gesammte vorhandene, mir zugängliche neue Literatur durchgearbeitet und verwerthet und da, wo ich sie verwerthet habe, — auch citirt!

Es ist mir passirt, daß aus meinem Werkchen nicht blos einzelne Stellen ohne Citirung entnommen wurden, sondern daß ein förmlicher Auszug daraus gemacht und als eigenes Geistesprodukt verwendet wurde. Eine derartige Handlungsweise richtet sich selbst!

Da die in Viehgewährschaftssachen in der Berufungsinstanz ergangenen landgerichtlichen Urtheile in den Sammlungen der vorhandenen Entscheidungen nicht erscheinen, so ist es schwer, einen Ueberblick über die herrschende Praxis zu gewinnen. Ich wäre deshalb meinen verehrten Herren Kollegen sowie den Herrn Vorsitzenden der Civilkammern sehr verbunden, wenn sie mir wichtige Entscheidungen mittheilen würden.

Möge das Werkchen in seiner neuen Gestalt zu den alten Freunden zahlreiche neue erwerben!

Kempten im Allgäu, am 25. Januar 1900.

Dr. Hans Stölzle,
Rechtsanwalt.

Inhalt.

Seite

§ 482.

§ 486.

§ 487.

Abkürzungen.

BGB. = Bürgerliches Gesetzbuch für das Deutsche Reich.

D. = Denkschrift zum Entwurf eines Bürgerlichen Gesetzbuches nebst drei Anlagen. Berlin, J. Guttentag 1896.

E. = Entwurf eines Bürgerlichen Gesetzbuches.

E. I = Der von der ersten Kommission ausgearbeitete Entwurf eines Bürgerlichen Gesetzbuches. Berlin, J. Guttentag, 1888.

E. II = Der von der zweiten Kommission in erster Berathung beschlossene und auf amtliche Veranlassung 1894/1895 veröffentlichte Entwurf eines Bürgerlichen Gesetzbuches. Berlin, J. Guttentag 1895.

E. III = Der dem Reichstag vorgelegte Entwurf eines Bürgerlich. Gesetzbuches. Berlin, J. Guttentag 1896.

EG. = Einführungsgesetz zum Bürgerlichen Gesetzbuch.

Mot. = Motive zu dem Entwurfe eines Bürgerlichen Gesetzbuches für das Deutsche Reich. Amtliche Ausgabe. Berlin, J. Guttentag 1896.

RCPO. = Civilprozeßordnung für das Deutsche Reich vom 30. Januar 1897 und 17. Mai 1898.

RGVG. = Gerichtsverfassungsgesetz vom 27. Januar 1877 und 17. Mai 1898.

P. II = Protokolle der Kommission für die zweite Lesung des Entwurfes des Bürgerlichen Gesetzbuches. Im Auftrage des Reichs-Justizamts bearbeitet von Dr. Achilles, Dr. Gebhard und Dr. Spahn. Bd. I. Berlin, J. Guttentag 1897.

Sten.Ber. = Stenographische Berichte. Erste, zweite und dritte Berathung des Entwurfs eines Bürgerlichen Gesetzbuchs im Reichstage. Berlin, J. Guttentag 1896.

Litteraturangaben.

Buchka, Dr. Gerhard von, Vergleichende Darstellung des BGB. für das Deutsche Reich und des Gemeinen Rechts. 2. Aufl. Berlin 1898.

Cosack, Lehrbuch des Deutschen Bürgerlichen Rechts ꝛc. Erster Band. 2. Aufl. Jena 1899.

Dieckerhoff, Dr. med. W., Gerichtliche Thierarzneikunde. 2. Aufl. Berlin 1899.

Endemann, Dr. F., Einführung in das Studium des BGB. 3. u. 4. Aufl. Berlin 1898.

Fischer, O. und Henle, W., Bürgerliches Gesetzbuch vom 18. August 1896 nebst dem Einführungsgesetze ꝛc. Handausgabe. 3. Aufl. München 1899.

Habicht, Dr. H., Die Einwirkung des Bürgerlichen Gesetzbuches auf zuvor entstandene Rechtsverhältnisse. Jena 1899.

Kuby, Ferdinand, Gesetz betr. die Gewährleistung bei Viehveräußerungen v. 26. März 1859. 4. Aufl. 1892.

Kuhlenbeck, Dr. jur. Ludwig, Das BGB. für das Deutsche Reich nebst dem Einführungsgesetze. Berlin 1898.

Kuhlenbeck, Dr. jur. Ludwig, Von den Pandekten zum Bürgerlichen Gesetzbuch. 1. u. 2. Theil. Berlin 1897, 1898, 1899.

Mainhard, Ludwig, Die Gewährleistung beim Thierhandel nach dem Deutschen Bürgerlichen Gesetzbuche Gemeinverständlich für Nichtjuristen dargestellt Karlsruhe 1899

Meisner, Chr., Die Vorschriften des BGB. betr. die Viehgewährschaft 2c. Handausgabe. Lieferung 1. München 1900.[1])

Meisner, Das Recht der Schuldverhältnisse Breslau 1898.

Oertmann, Paul, das Recht der Schuldverhältnisse, Kommentar zum BGB Berlin 1899.

Planck, Dr G., Bürgerliches Gesetzbuch nebst Einführungsgesetz Berlin 1898.

Reatz, Dr Justizrath, Die zweite Lesung des Entwurfes eines BGB. für das Deutsche Reich unter Gegenüberstellung der ersten Lesung. Berlin 1893

Rein, Dr. jur. Paul, Die Bestimmungen des BGB. über die Gewährleistung bei Viehveräußerungen 2c München 1899.

Reuter M. und Sauer K., Die Gewährleistung bei Viehveräußerungen nach dem Bürgerlichen Gesetzbuche. Berlin 1900.

Scherer, Dr. M., Kommentar zum BGB für das Deutsche Reich. I. u. II Buch, Einführungsgesetz. Erlangen 1897, 1899.

Schneider K., Rechtsregeln des Viehhandels nach deutschem Gesetze. München 1899

Schollmeyer, Das Recht der einzelnen Schuldverhältnisse. Berlin 1897.

Völderndorff, Dr. Otto Frhr. von, Das Bayerische Gesetz vom 26 März 1859, die Gewährleistung bei Viehveräußerungen betreffend 2c. 2. Aufl. 1883.

[1]) Erst während des Druckes erschienen.

Die Bestimmungen des Bürgerlichen Gesetzbuches über Viehgewährschaft.

§. 481.

Für den Verkauf von Pferden, Eseln, Maulеseln und Maulthieren, von Rindvieh, Schafen und Schweinen gelten die Vorschriften der §§. 459 bis 467, 469 bis 480 nur insoweit, als sich nicht aus den §§. 482 bis 492 ein Anderes ergiebt.

§. 482.

Der Verkäufer hat nur bestimmte Fehler (Hauptmängel) und diese nur dann zu vertreten, wenn sie sich innerhalb bestimmter Fristen (Gewährfristen) zeigen.

Die Hauptmängel und die Gewährfristen werden durch eine mit Zustimmung des Bundesraths zu erlassende Kaiserliche Verordnung bestimmt. Die Bestimmung kann auf demselben Wege ergänzt und abgeändert werden.

§. 483.

Die Gewährfrist beginnt mit dem Ablaufe des Tages, an welchem die Gefahr auf den Käufer übergeht.

§. 484.

Zeigt sich ein Hauptmangel innerhalb der Gewährfrist, so wird vermuthet, daß der Mangel schon zu der Zeit vorhanden gewesen sei, zu welcher die Gefahr auf den Käufer übergegangen ist.

§. 485.

Der Käufer verliert die ihm wegen des Mangels zustehenden Rechte, wenn er nicht spätestens zwei Tage nach dem Ablaufe der Gewährfrist oder, falls das Thier vor dem Ablaufe der Frist getödtet worden oder sonst verendet ist, nach dem Tode des Thieres den Mangel dem Verkäufer anzeigt oder die Anzeige an ihn absendet oder wegen des Mangels Klage gegen den Verkäufer erhebt oder diesem den Streit verkündet oder gerichtliche Beweisaufnahme zur Sicherung des Beweises beantragt. Der Rechtsverlust tritt nicht ein, wenn der Verkäufer den Mangel arglistig verschwiegen hat.

§. 486.

Die Gewährfrist kann durch Vertrag verlängert oder abgekürzt werden. Die vereinbarte Frist tritt an die Stelle der gesetzlichen Frist.

§. 487.

Der Käufer kann nur Wandelung, nicht Minderung verlangen.

Die Wandelung kann auch in den Fällen der §§. 351 bis 353, insbesondere wenn das Thier geschlachtet ist, verlangt werden; an Stelle der Rückgewähr hat der Käufer den Werth des Thieres zu vergüten. Das Gleiche gilt in anderen Fällen, in denen der Käufer in Folge eines Umstandes, den er zu vertreten hat, insbesondere einer Verfügung über das Thier, außer Stande ist, das Thier zurückzugewähren.

Ist vor der Vollziehung der Wandelung eine unwesentliche Verschlechterung des Thieres in Folge eines von dem Käufer zu vertretenden Umstandes eingetreten, so hat der Käufer die Werthminderung zu vergüten.

Nutzungen hat der Käufer nur insoweit zu ersetzen, als er sie gezogen hat.

§. 488.

Der Verkäufer hat im Falle der Wandelung dem Käufer auch die Kosten der Fütterung und Pflege, die Kosten der thierärztlichen Untersuchung und Behandlung sowie die Kosten der nothwendig gewordenen Tödtung und Wegschaffung des Thieres zu ersetzen.

§. 489.

Ist über den Anspruch auf Wandelung ein Rechtsstreit anhängig, so ist auf Antrag der einen oder der anderen Partei die öffentliche Versteigerung des Thieres und die Hinterlegung des Erlöses durch einstweilige Verfügung anzuordnen, sobald die Besichtigung des Thieres nicht mehr erforderlich ist.

§. 490.

Der Anspruch auf Wandelung sowie der Anspruch auf Schadensersatz wegen eines Hauptmangels, dessen Nichtvorhandensein der Verkäufer zugesichert hat, verjährt in sechs Wochen von dem Ende der Gewährfrist an. Im Uebrigen bleiben die Vorschriften des §. 477 unberührt.

An die Stelle der in den §§. 210, 212, 215 bestimmten Fristen tritt eine Frist von sechs Wochen.

Der Käufer kann auch nach der Verjährung des Anspruchs auf Wandelung die Zahlung des Kaufpreises verweigern. Die Aufrechnung des Anspruchs auf Schadensersatz unterliegt nicht der im §. 479 bestimmten Beschränkung.

§. 491.

Der Käufer eines nur der Gattung nach bestimmten Thieres kann statt der Wandelung verlangen, daß ihm an Stelle des mangelhaften Thieres ein mangelfreies geliefert wird. Auf diesen Anspruch finden die Vorschriften der §§. 488 bis 490 entsprechende Anwendung.

§. 492.

Uebernimmt der Verkäufer die Gewährleistung wegen eines nicht zu den Hauptmängeln gehörenden Fehlers oder sichert er eine Eigenschaft des Thieres zu, so finden die Vorschriften der §§. 487 bis 491 und, wenn eine Gewährfrist vereinbart wird, auch die Vorschriften der §§. 483 bis 485 entsprechende

Anwendung. Die im §. 490 bestimmte Verjährung beginnt, wenn eine Gewährfrist nicht vereinbart wird, mit der Ablieferung des Thieres.

§. 493.

Die Vorschriften über die Verpflichtung des Verkäufers zur Gewährleistung wegen Mängel der Sache finden auf andere Verträge, die auf Veräußerung oder Belastung einer Sache gegen Entgelt gerichtet sind, entsprechende Anwendung.

Einleitung.

I. Vorbemerkung.

Mit dem 1. Januar 1900 trat das Bürgerliche Gesetzbuch in Kraft; damit ist die langersehnte Rechtseinheit auf dem Gebiete des Civilrechtes erreicht.

Ist diese Einheit auch keine vollständige, da ja die Regelung einer Reihe von Materien den Landesgesetzen überlassen bleibt, so ist es doch sehr zu begrüßen, daß gerade eine der wichtigsten Fragen des täglichen Verkehrs für das ganze Deutsche Reich einheitlich geregelt wurde, nämlich der Viehkauf oder die Gewährleistung von Mängeln beim Viehhandel.

Mit dem 1. Januar 1900 sind alle Bestimmungen der Landesgesetze über die Gewährleistung von Mängeln beim Viehhandel aufgehoben.

Die Regelung im BGB. ist eine einheitliche für das ganze Deutsche Reich, sie ist aber keine einfache.

Die Bestimmungen über Viehgewährschaft erscheinen als Spezialbestimmungen gegenüber den allgemeinen Vorschriften über Mängelgewähr.

Dadurch, daß die allgemeinen Vorschriften auch, aber nur insoweit Anwendung finden, als nicht Spezialvorschriften getroffen sind, wird die Anwendung des Gesetzes komplizirt.

Es ist oft sehr schwierig, zu entscheiden, inwieweit ein Paragraph, auf welchen verwiesen ist, „entsprechende" Anwendung findet.

Bietet das Gesetz schon für den Juristen Schwierigkeiten, so bietet es noch mehr für den Laien.

Meines Erachtens hätte gerade diese Materie, um auch für den Laien verständlicher zu sein, unter vollständiger Heraushebung aus den allgemeinen Bestimmungen allein für sich erschöpfend geregelt werden müssen.

Daß eine derartige und zwar auch kurze Regelung möglich gewesen wäre, das beweisen die Spezialgesetze verschiedener Einzelstaaten.

II. Deutschrechtliches System des Bürgerlichen Gesetzbuches.

Das Bürgerliche Gesetzbuch hat unter den verschiedenen möglichen Systemen, nach welchen die Gewährleistung beim Viehhandel geregelt werden kann, das deutschrechtliche System gewählt.

Zur Erläuterung der verschiedenen möglichen Systeme folgen nachstehend wörtlich die vorzüglichen Ausführungen der Denkschrift:*)

„Für den Handel mit Hausthieren gelten im größten Theile Deutschlands besondere Vorschriften hinsichtlich der Gewährleistung wegen Mängel. Diese Vorschriften weichen jedoch im Einzelnen erheblich von einander ab. Es lassen sich drei verschiedene Systeme unterscheiden.

Nach dem römischrechtlichen System unterliegt der Handel mit Hausthieren den gleichen Bestimmungen wie der Kaufvertrag über andere Sachen. Die Haftung des Verkäufers erstreckt sich auf alle verborgenen Mängel, die zu der für die

---

*) Denkschrift S. 65—67.

Haftung entscheidenden Zeit erweislich vorhanden gewesen sind, und der Käufer hat die Wahl zwischen dem Rechte auf die Wandelung und dem auf Minderung. Nach dem deutschrechtlichen Systeme haftet dagegen der Verkäufer kraft Gesetzes nur für gewisse gesetzlich bestimmte Mängel, und im Allgemeinen auch für diese nur dann, wenn sie sich innerhalb einer gesetzlich bestimmten Gewährfrist offenbaren. Trifft letztere Voraussetzung zu, so wird bis zum Beweise des Gegentheils angenommen, daß die Mängel schon zur entscheidenden Zeit vorhanden gewesen sind. Dem Käufer steht regelmäßig nur die Wandelungsklage zu. Beide Systeme finden sich zum Theil in der Art mit einander verbunden, daß die Gewährleistung bei einzelnen Thiergattungen, insbesondere bei Pferden und Rindvieh, nach deutschrechtlichen, bei den übrigen nach römischrechtlichen Grundsätzen geregelt ist. Ein drittes, das gemischte System, hält im Allgemeinen an den Vorschriften des römischen Rechtes fest, stellt aber für die sogenannten Nachtkrankheiten, d. h. solche Krankheiten, die innerhalb vierundzwanzig Stunden hervortreten, sowie für gewisse Mängel bestimmter Hausthiere, falls sie sich innerhalb einer gewissen Frist offenbaren, die Vermuthung auf, daß sie bereits zu der entscheidenden Zeit vorhanden gewesen sind.

Das römischrechtliche System hat allgemeine Geltung in Mecklenburg-Schwerin, Sachsen-Weimar,

Mecklenburg-Strelitz, Oldenburg, Braunschweig, Schwarzburg-Rudolstadt, Schaumburg-Lippe, Lippe-Detmold, in den preußischen Bezirken des vormaligen Appellationsgerichts Köln und des vormaligen Justizsenats Ehrenbreitstein, sowie im größten Theile der Provinz Schleswig-Holstein. In Altenburg, Gotha, Anhalt, Lübeck, Bremen, Hamburg und im größeren Theile der Provinz Hannover gilt, während die Gewährleistung beim Pferdehandel nach deutschrechtlichen Grundsätzen geregelt ist, das römischrechtliche System für den Handel mit anderen Hausthieren. Dem gemischten System folgt das preußische allgemeine Landrecht, welchem sich im wesentlichen eine Waldeckische Verordnung angeschlossen hat. Im Königreiche Sachsen, im Großherzogthume Hessen und der vormaligen Landgrafschaft Hessen-Homburg ist das gemischte System mit dem deutschrechtlichen derart verbunden, daß letzteres für den Handel mit Pferden und Rindvieh, in Hessen und in der Landgrafschaft auch für den Handel mit weiteren Gattungen von Hausthieren gilt, während im übrigen das Erstere Platz greift. Das deutschrechtliche System ist durchgeführt in Bayern, Württemberg, Baden, Sachsen-Koburg, Sachsen-Meiningen (hier für den Handel mit Pferden und Rindvieh), Hohenzollern, den ehemals nassauischen und kurfürstlich hessischen Theilen der Provinz Hessen-Nassau, Frankfurt a. M. und Elsaß-Lothringen.

Der Entwurf folgt dem deutschrechtlichen Systeme, für welches sich auch die Kreise der Betheiligten überwiegend ausgesprochen haben. Ein Hauptvorzug dieses Systems liegt darin, daß es die Rechtssicherheit erhöht und zur Abschneidung von Prozessen dient. Nach dem römischrechtlichen Systeme muß in jedem einzelnen Streitfalle auf der Grundlage von Sachverständigengutachten, die sich häufig widersprechen, darüber entschieden werden, ob der von dem Käufer gerügte Mangel als ein verborgener und nach der Lage der Sache erheblicher anzusehen ist und ob er schon zu der für die Haftung entscheidenden Zeit vorhanden war. Dagegen beschränkt sich nach dem Systeme des Entwurfes die Beweispflicht des Käufers auf die ungleich leichter festzustellende Thatsache, daß ein Hauptmangel innerhalb der Gewährfrist hervorgetreten ist. Das deutschrechtliche System trägt ferner den Bedürfnissen des Viehhandels besser Rechnung. Der Verkäufer ist von vornherein sicher, daß er nur bestimmte Mängel zu vertreten hat und auch sie nur, wenn sie innerhalb der Gewährfrist sich gezeigt haben. Dies kommt namentlich der landwirthschaftlichen Bevölkerung zu statten, welche an dem Viehhandel vorzugsweise durch Verkauf betheiligt ist. Eine erhebliche Benachtheiligung des Käufers ist andererseits von der Beschränkung der gesetzlichen Haftung nicht zu befürchten. Auch ihm ist in der Regel mit beschränkten, aber leichter durchführbaren Gewährleistungsansprüchen mehr gedient, als mit einer ausgedehnten Haftung des Verkäufers, deren praktische Geltendmachung durch die Schwierigkeit des Beweises beeinträchtigt wird. Soweit erforderlich, kann er sich im einzelnen Falle immer noch durch eine vertragsmäßige Erweiterung der Haftung schützen.

Aus den vorstehenden Erwägungen ergiebt sich zugleich die Ablehnung des gemischten Systems. Indem dasselbe, was den Umfang der Haftung betrifft, den römischrechtlichen Grundsätzen folgt, läßt es zu Ungunsten des Verkäufers die damit verbundene Rechtsunsicherheit bestehen; daneben aber wird dem Käufer durch Aufstellung von Vermuthungen für einzelne Hauptmängel die Rechtsverfolgung erleichtert und er so in einseitiger Weise begünstigt."

III. Uebersicht über den Inhalt des BGB. bezüglich der Gewährleistung von Mängeln beim Viehhandel.

1. Die Spezialbestimmungen der §§. 482—492 BGB. finden nur Anwendung auf den Verkauf oder jede andere entgeltliche Veräußerung von Pferden, Eseln, Mauleseln und Maulthieren, von Rindvieh, Schafen und Schweinen.

Bezüglich anderer Thiere als der voraufgeführten finden die allgemeinen Bestimmungen über Mängelgewähr Anwendung. (§§. 481 u. 493 BGB.)

2. Der Verkäufer haftet von Gesetzeswegen nur für die in der kaiserlichen Verordnung vom 27. März 1899 aufgeführten Hauptmängel.

Er haftet nur dann, wenn diese Hauptmängel innerhalb der in der kaiserlichen Verordnung bestimmten Gewährfristen sich zeigen.

Zeigt der Hauptmangel sich erst nach Ablauf der Gewährfrist, dann haftet der Verkäufer nicht. (§. 482 BGB.)

Zeigt sich aber der Hauptmangel innerhalb der Gewährfrist, dann wird vermuthet, d. h. es bedarf keines diesbezüglichen Beweises, daß der Hauptmangel schon zur Zeit des Gefahrüberganges auf den Käufer vorhanden war. (§. 484 BGB.)

3. Nach dem BGB. hat nämlich der Verkäufer dafür zu haften, daß das verkaufte Thier im Momente des Gefahrüberganges von Hauptmängeln frei ist oder daß es zu dieser Zeit die zugesicherte Eigenschaft besitzt.

Die Gefahr d. h. die Haftung für zufälligen Untergang und zufällige Verschlechterung des Thieres geht auf den Käufer regelmäßig mit der Uebergabe oder dem ihr gleichstehenden Rechtsakte über. (§. 446 BGB.)

4. Beginn der Gewährfrist. Der Tag des Gefahrüberganges ist maßgebend für den Beginn der Gewährfrist. Dieser Tag des Gefahrüberganges wird nicht mitgerechnet; die Gewährfrist beginnt also mit dem auf den Tag des Gefahrüberganges folgenden Tag. (§. 483 BGB.)

5. Die Gewährfristen sind in der kaiserlichen Verordnung vom 27. März 1899 enthalten; sie sind sämmtlich nach Tagen bestimmt.

6. Der Käufer hat wegen des Vorhandenseins eines Hauptmangels bestimmte Rechte. Diese Rechte hat er aber nur dann, wenn er spätestens zwei Tage nach Ablauf der Gewährfrist oder, falls das Thier vor Ablauf der Gewährfrist getödtet worden oder sonst verendet ist, nach dem Tode des Thieres den Mangel dem Käufer anzeigt oder die Anzeige an ihn absendet oder wegen des Mangels gegen den

Verkäufer Klage erhebt oder diesem den Streit verkündet oder gerichtliche Beweisaufnahme zur Sicherung des Beweises beantragt.

Nimmt der Käufer keine der in §. 485 BGB. bezeichneten Handlungen rechtzeitig, d. h. innerhalb der zweitägigen Frist vor, dann verliert er jeglichen Anspruch, den er wegen des Mangels an sich gehabt hätte.

Wenn jedoch der Verkäufer den Hauptmangel arglistig verschwiegen hat, dann tritt der Rechtsverlust nicht ein. (§. 485 BGB.)

Es ist das eine der wichtigsten Bestimmungen, welche ganz genau zu beachten ist.

7. Rechte des Käufers.

a) Der Käufer kann nur Rückgängigmachung des Vertrags (Wandelung), nicht aber Minderung des Kaufpreises verlangen.

Die Wandelung kann auch dann verlangt werden, wenn der Käufer aus irgend einem Grunde das Thier nicht zurückgeben kann, z. B. weil er dasselbe geschlachtet hat. (§. 487 BGB.)

b) Schadensersatz kann der Käufer nur ausnahmsweise statt der Wandelung wahlweise verlangen. (Vergl. darüber die Ausführungen zu §. 488 Note 4.)

c) Lieferung eines mangelfreien Thieres kann der Käufer dann verlangen, wenn ein nur der Gattung nach bestimmtes Thier verkauft wurde. (§. 491 BGB.)

8. Pflichten des Käufers.

a) Der Käufer muß im Falle der Wandelung das Thier zurückgeben. (§. 346 BGB.)

b) Nutzungen muß der Käufer nur insoweit ersetzen, als er sie gezogen hat. (§. 487 Abs. 4 BGB.)

9. Pflichten des Verkäufers.

a) Der Verkäufer muß im Falle der Wandelung den Kaufpreis nebst 4 % Zinsen hieraus vom Tage der Bezahlung an den Käufer zurückgeben. (§. 346, §. 246 BGB.)

b) Der Verkäufer muß dem Käufer ersetzen:

α) Die Kosten der Fütterung und Pflege.

β) Die Kosten der thierärztlichen Untersuchung und Behandlung.

γ) Die Kosten der nothwendig gewordenen Tödtung und Wegschaffung des Thieres. (§. 488 BGB.)

10. Verjährung.

a) Der Anspruch auf Wandelung, auf Lieferung eines mangelfreien Thieres sowie der Anspruch auf Schadensersatz wegen eines Hauptmangels, dessen Nichtvorhandensein der Verkäufer zugesichert hat, verjährt in sechs Wochen vom Ende der Gewährfrist an.

b) Hat der Käufer einen Schadensersatzanspruch, so kann er auch nach Ablauf der Verjährung des Anspruches auf Wandelung die Bezahlung des Kaufpreises verweigern und mit der ihm zustehenden Schadensersatzforderung aufrechnen.

Voraussetzung ist jedoch, daß der Käufer rechtzeitig, d. h. innerhalb der zweitägigen Frist eine der in §. 485 BGB. bezeichneten Handlungen vorgenommen hat. (§. 490 BGB.)

11. Wenn der Verkäufer die Gewährleistung wegen eines nicht zu den Hauptmängeln gehörenden Fehlers übernimmt oder wenn er eine Eigenschaft des Thieres zusichert, dann finden die §§. 487 bis 491 und, wenn eine Gewährfrist vereinbart ist, auch die Vorschriften der §§. 483—485 entsprechende Anwendung.

Die Verjährung des §. 490 BGB. beginnt mit der Ablieferung des Thieres, wenn eine Gewährfrist nicht vereinbart ist.

(§. 492 BGB. cf. des Nähern die Anmerkungen zu §. 492.)

Allgemeine und Uebergangsbestimmungen.

1. Verhältniß des BGB. zu den Landesgesetzen.

Mit dem Inkrafttreten des BGB., also dem 1. Januar 1900, sind alle landesrechtlichen Bestimmungen über Viehgewährschaft aufgehoben, da diese Materie im BGB. geregelt ist.

(cf. Art. 55 des EG. zum BGB.)

2. Vorschriften über Verjährung während der Uebergangszeit.

Wie ist es bezüglich der Verjährung eines Gewährschaftsanspruches, der nach dem jeweils geltenden Landesgesetze mit Ablauf des Jahres 1899 noch nicht verjährt ist?

Hier gilt Folgendes:

a) Die Bestimmungen des BGB. über Verjährung bei Viehgewährschaftsansprüchen (§ 490 BGB.) finden auf die Viehgewährschaftsansprüche Anwendung, welche vor dem 1. Januar 1900 entstanden und am 1. Januar 1900 noch nicht verjährt sind, und zwar gilt dies auch für solche Fehler des früheren Rechtes, welche in der

Kaiserl. Verordnung nicht aufgeführt, also nach dem neuen Recht keine Gewährsmängel mehr sind.

(cf. Art. 169 EG. Satz 1).

Voraussetzung für die Anwendung des Art. 169 EG. ist jedoch, daß es sich um eine Verjährung handelt, nicht um eine Präklusivfrist (Erlöschen des Rechtes durch Ablauf einer Ausschlußfrist.*)

Unterliegt der Anspruch auf Wandelung der Verjährung, was nach dem bisher geltenden Rechte die Regel bilden dürfte,**) dann gilt Art. 169 EG.

Nimmt man aber nicht Verjährung an, sondern präklusive Befristung, dann gilt gemäß Art. 170 EG. das alte Recht.

Beispiel: A verkauft und übergiebt an B am 10. Oktober 1899 ein Pferd. Nach dem bisher geltenden Rechte soll der Käufer 6 Monate lang haften, also bis zum 10. April 1900.

Sagt man nun, der Anspruch des Käufers auf Wandelung verjährt in 6 Monaten, dann hat der Käufer gemäß Art. 169 Abs. 2 EG. vom 1. Januar 1900 an 6 Wochen Zeit, seine Rechte geltend zu machen oder was dasselbe ist, der Verkäufer haftet nur noch 6 Wochen lang nach dem 1. Januar 1900.

---

*) Kuhlenbeck BGB. Vorbemerkung zu § 194 Seite 129.

**) Habicht a. a. O. S. 120. Vergl. auch Mot. zum EG. S. 254; Staub, Kommentar zum HGB. 3. u. 4. Aufl. Art. 349 § 14. A. M. Scherer, Einführungsgesetz Art. 169 Note 208 S. 159.

Ist man aber der andern Ansicht, daß nämlich eine Präklusivfrist vorliege, dann haftet der Verkäufer bis 10. April 1900.

(cf. Art 169 EG. Satz 1.)

b) Der Beginn, die Hemmung und Unterbrechung der Verjährung bestimmen sich für die Zeit vor dem 1. Januar 1900 nach den bisherigen Landesgesetzen.

(cf. Art. 169 EG. Satz 2.)

c) Wenn die Verjährungsfrist nach dem BGB. kürzer ist als nach den bisherigen Gesetzen, so wird die kürzere Frist des BGB. vom 1. Januar 1900 an berechnet.

(cf. Art. 169 EG. Abs. 2 Satz 1.)

z. B. Nach dem BGB. § 490 beträgt die Verjährungsfrist 6 Wochen.

Nehmen wir nun an, es betrage nach einem der bisherigen Gesetze die Verjährungsfrist 7 Wochen.

In diesem Falle wird die 6 wöchentliche Frist des BGB. vom 1. Januar 1900 an berechnet.

d) Wenn aber die in den bisherigen Gesetzen bestimmte längere Frist früher als die im BGB. bestimmte kürzere Frist abläuft, so ist die Verjährung mit dem Ablaufe der längeren Frist der bisherigen Gesetze vollendet.

z. B. Nehmen wir an, es laufe die 7 wöchentliche Frist ab am 20. Januar 1900, während die 6 wöchentliche Frist des § 490 BGB. erst abläuft am 12. Februar

1900, so ist die Verjährung mit dem Ablauf des 20. Januar 1900 vollendet.

e) Ist die Verjährungsfrist nach dem BGB. länger als nach den bisherigen Gesetzen, so wird diese längere Frist des BGB. nicht vom 1. Januar 1900 an berechnet, sondern, da der Beginn der Verjährung nach den bisherigen Gesetzen sich bestimmt (Art. 169 Abs. 1 Satz 2 EG.) von dem Moment an, welcher nach den bisherigen Gesetzen als Beginn der Verjährung festgesetzt ist.

3. Zuständigkeit zur Entscheidung bei Rechtsstreitigkeiten über Viehmängel.

a) Sachlich zuständig zur Entscheidung über Rechtsstreitigkeiten wegen Viehmängel sind die Amtsgerichte und zwar ohne Rücksicht auf den Werth des Streitgegenstandes.

(cf. § 23 des RGVG.)

„Rechtsstreitigkeiten wegen Viehmängel“ sind solche Rechtsstreitigkeiten, deren Grundlage die behauptete Thatsache eines zur Zeit des Gefahrüberganges vorhandenen Viehmangels des in Frage stehenden Thieres ist.

(cf. Seuff. Archiv Bd. 52 Nr. 112 S. 204.)

Es gehören also alle Viehgewährschaftsklagen vor die Amtsgerichte, mag sich die Klage auf das Vorhandensein eines in der Kaiserl. Verordnung aufgeführten Hauptmangels oder auf das Fehlen einer zugesicherten Eigenschaft oder das Vorhandensein eines andern Mangels, dessen Abwesenheit zugesichert wurde, oder auf arglistiges Verschweigen eines Hauptmangels stützen, mag die

Wandelungsklage oder die Nachlieferungsklage oder die Schadensersatzklage angestellt werden.

α) Die Klage auf Bezahlung des Kaufpreises ist natürlich keine Viehgewährschaftsklage; diese Klage ist, wenn mehr als 300 Mk. eingeklagt werden, beim Landgericht einzureichen.

Es kann aber aus dieser Klage ein Viehgewährschaftsprozeß werden, wenn nämlich der beklagte Käufer einredeweise einen Hauptmangel oder das Fehlen der zugesicherten Eigenschaft geltend macht.

(cf. darüber unten § 490 III.

Auf diese Weise kann ein Viehgewährschaftsprozeß zur Entscheidung des Reichsgerichts kommen, wenn das Streitobjekt 1500 Mk. übersteigt.*)

β) Ebenso ist es keine Viehgewährschaftsklage, wenn der Käufer den Verkäufer auf Schadensersatz verklagt, weil der Verkäufer die Maul- und Klauenseuche, welche den Viehstand des Beklagten angesteckt hat, arglistig verschwieg. Denn unter Viehmängel versteht man Viehseuchen nicht, außerdem ist Maul- und Klauenseuche kein Hauptmangel.

(cf. Scherer a. a. O. § 481 Note 3 S. 569, Note 8 S. 570).

b) Für die örtliche Zuständigkeit gelten die gewöhnlichen Bestimmungen der RCPO. §§ 12 ff.

---

*) Es ist also die Bemerkung Sauers a. a. O. S. 161 Note * der sagt: „Eine Revisionsinstanz giebt es für Rechtsstreite wegen Viehgewährschaft nicht“ nicht korrekt.

4. Verhältniß von Handelsgesetzbuch und Bürgerlichem Gesetzbuch.

Die Vorschriften des Handelsgesetzbuches über sofortige Untersuchung und Mängelanzeige gelten für die Viehgewährschaft nicht.

Für die Viehgewährschaft sind lediglich die Vorschriften der §§. 481—492 BGB. maßgebend.

(cf. § 382 des neuen Handelsgesetzbuches.)

§. 481.

Für den Verkauf von Pferden, Eseln, Maulеseln und Maulthieren, von Rindvieh, Schafen und Schweinen gelten die Vorschriften der §§. 459 bis 467, 469 bis 480 nur insoweit, als sich nicht aus den §§. 482 bis 492 ein Anderes ergiebt.

E. I § 899; II § 416; III § 475. Mot II S. 243—252. P. II. Bd. 1 S. 718—727. D. S. 65—67.

1. Die allgemeinen Bestimmungen über Gewährschaft gelten für den Verkauf von Pferden 2c. nur soweit, als in den §§ 482—492 nicht abweichende Bestimmungen getroffen sind. Inwieweit letzteres der Fall ist, mag aus den nachfolgenden Erläuterungen zu den einzelnen Paragraphen ersehen werden.

2. Die Bestimmungen über Viehgewährschaft finden nur Anwendung auf den Verkauf von Pferden, Eseln, Mauleseln und Maulthieren, von Rindvieh, Schafen und Schweinen, also nicht auf den Verkauf von anderen Thieren z. B. Ziegen, Hunden, Hühnern, Tauben, Katzen, Vögeln, wilden Thieren.

Für den Verkauf von Thieren der letzteren Art gelten die allgemeinen Bestimmungen über Gewährschaft.

3. Die Bestimmungen über Viehgewährschaft gelten nur für den Verkauf von lebenden Thieren; auf den Verkauf von todten Thieren finden die allgemeinen Bestimmungen über Mängelgewähr Anwendung.

(cf. Arg. aus § 485 BGB.)

4. § 481 spricht nur vom Verkauf von Pferden rc. Es finden aber die speziellen Bestimmungen über Viehgewährschaft nicht blos auf den Verkauf Anwendung, sondern auf jede entgeltliche Veräußerung oder Belastung.

(cf. darüber des Nähern unten § 493 BGB.)

5. Sprungregreß.

Litteratur: Scherer a. a. O. § 481 Note 9 S. 571; Dieckerhoff a. a. O. S. 149; Völderndorff S. 76; Kuby S. 56 Ziff. 6.

a) Sprungregreß ist unzulässig, es geht nach der Reihenfolge.

Wenn A das Pferd an B verkauft, B an C, C an D und wenn sich innerhalb der Gewährfrist ein Hauptmangel bei dem Thiere zeigt, so kann D nicht ohne Weiteres den A verklagen, er kann sich nur an seinen Vormann C halten, denn mit diesem allein hat er kontrahirt.

b) Der Vormann C aber braucht sich von seinem Nachmanne D nicht verklagen zu lassen, er kann, ohne seinen Rechten etwas zu vergeben, den Anspruch des Nachmannes D außergerichtlich und ohne Prozeß anerkennen und dann gegen seinen Vormann B Klage erheben.

c) Es kann der Vormann C, der noch gar nicht sicher weiß, ob er von seinem Nachmanne D belangt wird, gegen seinen Vormann B Klage erheben mit dem Antrage, die Gewährspflicht des B festzustellen, also Feststellungsklage gemäß § 256 RCPO.

d) Kann durch Vereinbarung der Betheiligten der Sprungregreß herbeigeführt werden?

Können also C und D vereinbaren, daß D, ohne zuerst den C verklagen zu müssen, gleich den B verklagen könne?

Eine derartige Vereinbarung ist zulässig; sie hat aber meines Erachtens nur dann Rechtswirksamkeit, wenn C zugleich alle ihm aus dem Kaufe gegen B zustehenden Rechte dem D abtritt, da sonst m. E. B dem D mit Recht entgegenhalten könnte: Mit dir habe ich ja gar nicht kontrahirt.

§. 482.

Der Verkäufer hat nur bestimmte Fehler (Hauptmängel) und diese nur dann zu vertreten, wenn sie sich innerhalb bestimmter Fristen (Gewährfristen) zeigen.

Die Hauptmängel und die Gewährfristen werden durch eine mit Zustimmung des Bundesraths zu erlassende Kaiserliche Verordnung bestimmt. Die Bestimmung kann auf demselben Wege ergänzt und abgeändert werden.

E. I § 400; II § 417; III § 476. Mot. II. S. 252 bis 254. P. II S. 727—729. D. S. 67.

I. **Der Verkäufer haftet nur für Hauptmängel.** (Abs. 1 Satz 1.) Damit, daß das Gesetz den Verkäufer nur für bestimmte Fehler (Hauptmängel) haften läßt, ist ein doppeltes gesagt:

Einmal: Der Verkäufer haftet *gesetzlich* nur für die in der Kaiserlichen Verordnung aufgeführten *Hauptmängel*, er haftet nicht auch für andere Mängel des Thieres. Für andere Mängel als Hauptmängel haftet er nur, wenn dies durch Vertrag vereinbart ist.

Sodann: Die in der Kaiserlichen Verordnung als Hauptmängel bezeichneten Fehler sind solche, welche den Werth oder die Tauglichkeit des Thieres zu dem gewöhnlichen Gebrauch aufheben oder mindern (§ 459), d. h. es bedarf keines diesbezüglichen *Beweises* seitens des Käufers, es ist aber auch der Gegenbeweis des Verkäufers, daß der Hauptmangel den Werth 2c. nicht aufhebe oder mindere, ausgeschlossen.

II. Der Verkäufer haftet nur dann, wenn der Hauptmangel **innerhalb der Gewährfrist sich zeigt.** (Abs. 1 Satz 2.) Zeigt sich der Mangel erst nach Ablauf der Gewährfrist, dann haftet der Verkäufer nicht mehr; der Beweis, daß der Mangel schon zur Zeit des Gefahrüberganges vorhanden gewesen sei, wird nicht zugelassen.

III. **Fälle, in welchen der Verkäufer nicht haftet,** obwohl zur Zeit des Gefahrüberganges ein Hauptmangel vorhanden war, der innerhalb der Gewährfrist sich zeigte.

Der Verkäufer haftet nicht, d. h. der Käufer hat weder Anspruch auf Wandlung, noch auf Schadensersatz, noch im Falle des § 491 BGB. auf Lieferung eines mangelfreien Thieres:

1. Wenn der Käufer den Hauptmangel oder das Fehlen der zugesicherten Eigenschaft*) beim Abschluß des Kaufes kannte. (§ 460 Satz 1 B.G.B.)

Abgeschlossen ist der Kauf, wenn der Käufer den Antrag des Verkäufers angenommen hat. (§ 151 BGB.)

Der Käufer muß beweisen, daß das Thier mit dem betr. Hauptmangel behaftet war oder daß die zugesicherte Eigenschaft fehlte und daß der Hauptmangel oder das Fehlen der zugesicherten Eigenschaft innerhalb der Gewährfrist sich zeigte. Dabei kommt ihm die Präsumption des § 484 B.G.B. zu Gute.

Der Verkäufer dagegen muß beweisen, daß der

---

*) cf. auch Endemann a. a. O. § 161 S. 719 Note 7; Kuhlenbeck, B.G.B. § 460 Note 1. A. M. Schollmeyer, a. a. O. S. 14; Scherer a. a. O. § 460 Note 1 I, S. 535.

Käufer den Hauptmangel oder das Fehlen der zugesicherten Eigenschaft beim **Kaufabschlusse kannte.**

2. Wenn dem Käufer der Hauptmangel beim Kaufabschlusse in Folge **grober Fahrlässigkeit** unbekannt geblieben ist. (§ 460 Satz 2 BGB.)

Ist jedoch dem Käufer das Fehlen **der zugesicherten Eigenschaft** beim Kaufabschlusse aus grober Fahrlässigkeit unbekannt geblieben, so haftet der Verkäufer doch.

Grobe Fahrlässigkeit liegt dann vor, wenn der Käufer die im Geschäftsverkehr erforderliche Sorgfalt in besonders schwerer Weise außer Acht läßt. (§§ 276 und 277 BGB.)

(cf. auch Planck a. a. O. Buch I Bd. 1 S. 35 ff.)

Der **Käufer** muß das Vorhandensein des Hauptmangels beweisen (Präsumption des § 484 BGB.); der **Verkäufer** dagegen muß beweisen, daß dem Käufer der Hauptmangel nur in Folge grober Fahrlässigkeit unbekannt geblieben ist.

Diesen letzteren Beweis des Verkäufers kann aber der Käufer dadurch entkräften, daß er seinerseits beweist, entweder

daß der Verkäufer die Abwesenheit des Hauptmangels **ausdrücklich zusicherte,**

oder

daß der Verkäufer den zur Zeit des Vertragsabschlusses vorhandenen **Hauptmangel** beim Kaufabschluß **arglistig** d. h. in Kenntniß des Mangels und in Täuschungsabsicht dem Käufer **verschwieg.** (§ 460 Satz 2 BGB.)

3. Wenn das Thier
   a) auf Grund eines **Pfandrechts,**
   b) **in öffentlicher Versteigerung,**
   c) unter der Bezeichnung als **Pfand** für den Pfandgläubiger (dieser erscheint ja in diesem Falle als Verkäufer) verkauft wird.

Nur wenn sämmtliche unter a—c bezeichneten Erfordernisse vorliegen, haftet der Verkäufer nicht. (§ 461 u. §§ 1235 ff. BGB.)

Ueber den Begriff der öffentlichen Versteigerung vergl. § 383 Abs. 3 Satz 1 BGB. und unten § 489 Note 4.

α) Wenn dagegen eine andere Verkaufsart als öffentliche Versteigerung gewählt wird, z. B. Verkauf aus freier Hand (eine solche kann gemäß § 1245 BGB. zwischen dem Eigenthümer und dem Pfandgläubiger vereinbart werden), dann haftet der letztere d. h. der Verkäufer für die Hauptmängel.

β) Es könnte zweifelhaft erscheinen, ob der Pfandgläubiger, der das Vorhandensein einer bestimmten Eigenschaft bei dem in öffentlicher Versteigerung verkauften Thiere zugesichert hat, haftet oder nicht, da das Gesetz unter „Mangel der verkauften Sache" auch das Fehlen der zugesicherten Eigenschaft versteht, so daß auch hier § 461 BGB. Anwendung finden würde.

M. E. haftet der Pfandgläubiger aus der Zusicherung, weil aus dem Umstande, daß der Verkäufer (Pfandgläubiger) das Vorhandensein einer bestimmten Eigenschaft zusichert, sein Verpflichtungswille zu entnehmen ist; diese letztere Annahme dürfte deshalb richtig sein, weil jeder der Kontrahenten weiß, daß an sich bei Verkauf des Thieres in öffentlicher Versteigerung unter den Eingangs erwähnten Voraussetzungen nicht gehaftet wird.

Sichert daher der Pfandgläubiger das Vorhandensein einer Eigenschaft zu, so ist daraus ein Verpflichtungswille des Pfandgläubigers abzuleiten.*)

Es ist übrigens selbstverständlich, daß der Pfand-

---

*) Diese meine Ansicht finde ich jetzt auch bestätigt bei Scherer a. a. O. III. Buch Note 649 S. 352. A. M. Meisner, Ghr. § 461 S. 42.

gläubiger die Haftung auch für Gewährsfehler übernehmen kann.

4. Der Verkäufer haftet ferner nicht, wenn das im Wege der Zwangsvollstreckung für ihn gepfändete Thier auf Grund der Pfändung veräußert wird.*) (§§ 806, 814 ff. u. 825 RCPO.)

Es hat der Erwerber in diesem Falle keinen Anspruch auf Gewährleistung weder gegen den Gläubiger noch gegen den Schuldner, noch gegen den Eigenthümer.

Da gemäß § 825 RCPO. das Vollstreckungsgericht auf Antrag des Gläubigers oder des Schuldners eine andere Art der Verwerthung anordnen kann, als die in § 814 RCPO. vorgeschriebene (öffentliche Versteigerung), so haftet der Verkäufer auch dann nicht, wenn das Thier nicht im Wege der öffentlichen Versteigerung veräußert wird; das ergiebt sich schon aus der allgemeinen Fassung des § 806 RCPO., der nur von „Veräußerung auf Grund der Pfändung" spricht.

5. Eine Haftung ist ferner ausgeschlossen, wenn gemäß § 489 BGB. das im Streit befindliche Thier auf Anordnung des Richters öffentlich versteigert wird.

Wer sollte in diesem Fall gewährspflichtig sein? Derjenige, welcher das Gesuch um Anordnung der Versteigerung stellt?

Das ist nicht wohl anzunehmen. Denn wenn z. B. der Käufer, welcher wegen des von ihm behaupteten Hauptmangels die Klage erhoben hat, die Anordnung der Versteigerung beantragt, so ist es natürlich ausgeschlossen, daß er dem Ansteigerer für das Nichtvorhandensein des

---

*) Unrichtig Paul Rein a. a. O. S. 8. Im BGB. findet sich allerdings keine derartige Bestimmung, wohl aber in der neuen RCPO. — Vgl. auch § 56 des Reichsgesetzes über die Zwangsversteigerung und die Zwangsverwaltung vom 24. März 1897.

Hauptmangels haften soll, dessen Vorhandensein er selbst behauptet. Das wäre ein Unding.

Die Sache wird noch komplizirter, wenn beide Parteien die Anordnung der Versteigerung beantragen.

Um diesen Konsequenzen zu entgehen, müssen wir auch hier die Gewährspflicht ausschließen.

Es ist also § 461 BGB. analog anzuwenden. Eine direkte Anwendung ist ausgeschlossen, da dort vorausgesetzt ist, daß das Thier auf Grund eines Pfandrechtes unter der Bezeichnung als Pfand in öffentlicher Versteigerung verkauft wird.

Uebrigens ist eine Gewährleistung schon deshalb ausgeschlossen, weil die Veräußerung erfolgt auf Grund der Anordnung des Richters, so daß die beiden Kontrahenten des ersten Vertrages zu dem Ansteigerer (gemäß § 489 BGB.) in gar kein Rechtsverhältniß treten. Wen sollte der Ansteigerer verklagen?*)

6. Wenn der Käufer nach dem Kaufabschlusse das mangelhafte Thier annimmt, obwohl er den Hauptmangel oder das Fehlen der zugesicherten Eigenschaft wirklich kennt.

Der Verkäufer muß die Kenntniß des Käufers beweisen.

Der Verkäufer haftet jedoch, wenn der Käufer bei der Annahme des mangelhaften Thieres sich seine Rechte wegen des Mangels oder wegen des Fehlens der zugesicherten Eigenschaft ausdrücklich vorbehielt. (§ 464 BGB.) Käufer muß den Vorbehalt beweisen.

Wenn der Käufer das mangelhafte Thier annimmt und wenn ihm der Hauptmangel oder das Fehlen der zugesicherten Eigenschaft aus bloßer grober Fahrlässigkeit unbekannt blieb, dann haftet der Verkäufer. Voraussetzung des § 464 BGB. ist also thatsächliche Kenntniß.

---

*) Zustimmend jetzt auch Meisner, Chr. a. a. O. § 461 S. 43. A. M. Schneider a. a. O. S. 151b.

7. Wenn durch eine zwischen dem Käufer und dem Verkäufer getroffene Vereinbarung die Verpflichtung zur Gewährleistung wegen der Hauptmängel erlassen wurde. (§ 476 BGB.)

Beschränkt haftet der Verkäufer, wenn die Haftpflicht nur bezüglich bestimmter Hauptmängel ausgeschlossen wurde.

a) In diesen beiden Fällen ist jedoch die Vereinbarung nichtig, wenn der Verkäufer den zur Zeit des Abschlusses der Vereinbarung vorhandenen Hauptmangel kannte, denselben dem Käufer aber arglistig verschwieg, d. h. in Kenntniß des Mangels und in Täuschungsabsicht. (§ 476 BGB.)

b) Diese Vereinbarung kann sowohl bei Abschluß des Vertrages als auch nachher, ausdrücklich oder stillschweigend getroffen werden (Mot. II S. 238), sie kann aus den begleitenden Umständen, aus den am Verkaufsort üblichen Redensarten und Handelsbräuchen entnommen werden.

Solche Redensarten*) sind z. B.: Ich verkaufe das Vieh,

wie es vor Augen steht,
wie die Kette fällt,
für Hagel und Wind,
mit Gewähr bis vor den Stall,
Haar um Haar,
staubaus 2c.

Auch aus der Festsetzung eines besonders niedrigen Preises kann unter Umständen entnommen werden, daß der Verkäufer seine Haftung ausschließen wollte und daß der Käufer damit einverstanden war.

Das sind natürlich nur Auslegungsbehelfe, welche den Richter veranlassen sollen, zu prüfen, ob es wirklich

---

*) cf. Völderndorff S. 126, Kuby Art. 3 S. 35.

dem Willen der Parteien entspricht, daß jede Haftung ausgeschlossen werden soll.

8. Ueber einen weiteren Fall vgl. unten § 483 BGB. A II 4 S. 56.

IV. Kaiserliche Verordnung*) vom 27. März 1899, in welcher die Hauptmängel und Gewährfristen beim Viehhandel festgesetzt sind.

§ 1.

Für den Verkauf von Nutz- und Zuchtthieren gelten als Hauptmängel:

I. bei Pferden, Eseln, Mauleseln und Maulthieren:

1. Rotz (Wurm) mit einer Gewährfrist von 14 Tagen
2. Dummkoller (Koller, Dummsein) mit einer Gewährfrist von . . . . . 14 Tagen
   als Dummkoller ist anzusehen die allmählich oder in Folge der akuten Gehirnwassersucht entstandene, unheilbare Krankheit des Gehirns, bei der das Bewußtsein des Pferdes herabgesetzt ist;
3. Dämpfigkeit (Dampf, Hartschlägigkeit, Bauchschlägigkeit) mit einer Gewährfrist von . . . . 14 Tagen
   als Dämpfigkeit ist anzusehen die Athembeschwerde, die durch einen chronischen, unheilbaren Krankheitszustand der Lungen oder des Herzens bewirkt wird;
4. Kehlkopfpfeifen (Pfeiferdampf, Hartschnaufigkeit, Rohren) mit einer Gewährfrist von . . . . 14 Tagen

*) Reichs-Gesetzbl. 1899 Nr. 18 S. 219 u. 220. Vergl. Anhang I.

als Kehlkopfpfeifen ist anzusehen die durch einen chronischen und unheilbaren Krankheitszustand des Kehlkopfs oder der Luftröhre verursachte und durch ein hörbares Geräusch gekennzeichnete Athemstörung;

5. periodische Augenentzündung (innere Augenentzündung, Mondblindheit) mit einer Gewährfrist von . . 14 Tagen

als periodische Augenentzündung ist anzusehen die auf inneren Einwirkungen beruhende, entzündliche Veränderung an den inneren Organen des Auges;

6. Koppen (Krippensetzen, Aufsetzen, Freikoppen, Luftschnappen, Windschnappen) mit einer Gewährfrist von . . . . 14 Tagen

II. bei Rindvieh:

1. tuberkulöse Erkrankung, sofern in Folge dieser Erkrankung eine allgemeine Beeinträchtigung des Nährzustandes des Thieres herbeigeführt ist, mit einer Gewährfrist von . . . . 14 Tagen

2. Lungenseuche mit einer Gewährfrist von . . . . 28 Tagen

III. bei Schafen:

Räude mit einer Gewährfrist von . . 14 Tagen

IV. bei Schweinen:

1. Rothlauf mit einer Gewährfrist von 3 Tagen

2. Schweineseuche (einschl. Schweinepest) mit einer Gewährfrist von . . 10 Tagen

§ 2.

Für den Verkauf solcher Thiere, die alsbald geschlachtet werden sollen und bestimmt sind, als Nahrungsmittel für Menschen zu dienen (Schlachtthiere), gelten als Hauptmängel:

I. bei Pferden, Eseln, Mauleseln und Maulthieren:
Rotz (Wurm) mit einer Gewährfrist von . . . . 14 Tagen

II. bei Rindvieh:
tuberkulöse Erkrankung, sofern in Folge dieser Erkrankung mehr als die Hälfte des Schlachtgewichts nicht oder nur unter Beschränkungen als Nahrungsmittel für Menschen geeignet ist, mit einer Gewährfrist von 14 Tagen

III. bei Schafen:
allgemeine Wassersucht mit einer Gewährfrist von . . . . 14 Tagen
als allgemeine Wassersucht ist anzusehen der durch eine innere Erkrankung oder durch ungenügende Ernährung herbeigeführte wassersüchtige Zustand des Fleisches;

IV. bei Schweinen:
1. tuberkulöse Erkrankung unter der in der Nr. II bezeichneten Voraussetzung mit einer Gewährfrist von . 14 Tagen
2. Trichinen mit einer Gewährfrist von 14 Tagen
3. Finnen mit einer Gewährfrist von 14 Tagen

Erläuterungen zu Ziff. IV.

1. Nutz- und Zuchtthiere — Schlachtthiere.

Die kaiserliche Verordnung setzt die Hauptmängel und die Gewährfristen verschieden fest:

a) Wird ein Thier als Nutz- und Zuchtthier — den Gegensatz bildet Schlachtthier — verkauft, so gelten die Hauptmängel und die Gewährfristen des § 1 der kaiserlichen Verordnung.

b) Für den Verkauf von Schlachtthieren hat die

kaiserliche Verordnung in § 2 die Hauptmängel und Gewährfristen besonders bestimmt.

Voraussetzung für die Anwendung des § 2 ist:

α) Das Thier muß zum Schlachten verkauft sein.

Ob ein Thier als Nutz- und Zuchtthier oder ob es als Schlachtthier verkauft wird, ist Thatfrage; wird z. B. ein Thier an einen Metzger verkauft, so wird man im Zweifel annehmen können, daß das Thier zum Schlachten verkauft ist.

Die Beweislast über die Frage, ob ein Thier als Nutz- und Zuchtthier oder als Schlachtthier verkauft wurde, trifft im Streitfalle den Käufer.*)

β) Das Thier muß mit der Bestimmung verkauft sein, alsbald geschlachtet zu werden.

Wenn also z. B. der Käufer die Kuh erst dann schlachten will, wenn er sie gemästet oder wenn er sie ein halbes Jahr benützt hat, so kann § 2 keine Anwendung finden, weil kein „alsbaldiges" Schlachten vorliegt.

Als eine „alsbaldige" Schlachtung ist es nicht mehr anzusehen, wenn diese erst nach Ablauf der 14 tägigen Gewährfrist erfolgt.

(cf. Schneider a. a. O. S. 125).

γ) Das Thier muß bestimmt sein, als Nahrungsmittel für Menschen zu dienen.

Wenn also z. B. ein Oekonom eine Kuh an den Abdecker (Wasenmeister) verkauft, so ist dieses Thier natürlich nicht als Nahrungsmittel für Menschen bestimmt. Es tritt in einem solchen Falle keine Gewährspflicht ein.

Das Gleiche gilt, wenn z. B. ein Menageriebesitzer für seine Löwen einen alten Gaul kauft. Auch hier ist die Voraussetzung des § 2 nicht gegeben.

2. Ist ein Thier als Nutz- und Zuchtthier ver-

---

*) (cf. Erwägungen des Bundesrathes, enthalten im Deutschen Reichsanzeiger vom 5. Juni 1899 Nr. 180, abgedruckt unten Anhang I).

kauft und zeigt sich innerhalb der Gewährfrist ein Hauptmangel, der nur für Schlachtthiere gilt, so kann natürlich wegen dieses Mangels Wandelung nicht verlangt werden.

Ist ein Thier als Schlachtthier verkauft und zeigt sich innerhalb der Gewährfrist ein Hauptmangel, der nur für Nutz- und Zuchtthiere gilt, so kann wegen dieses Mangels Wandelung nicht verlangt werden.

3. Tuberkulöse Erkrankung bei als Schlachtthier verkauftem Rindvieh ist nur unter folgenden Voraussetzungen als Gewährsmangel zu betrachten:

a) Mehr als die Hälfte des Schlachtgewichts darf überhaupt nicht als Nahrungsmittel für Menschen geeignet oder mehr als die Hälfte des Schlachtgewichts darf nur unter Beschränkungen als Nahrungsmittel für Menschen geeignet sein.

Unter „Beschränkungen" ist z. B. das Fleisch als Nahrungsmittel für Menschen geeignet, wenn mehr als die Hälfte des Schlachtgewichts vor dem Genuß abgekocht werden muß, bevor das Fleisch verkauft werden darf.

b) Die Thatsache, daß mehr als die Hälfte des Schlachtgewichtes nicht oder nur unter Beschränkungen als Nahrungsmittel für Menschen geeignet ist, muß die Folge der tuberkulösen Erkrankung sein.

Ist diese Thatsache die Folge eines andern Krankheitsprozesses, so tritt eine Gewährspflicht wegen tuberkulöser Erkrankung nicht ein.

4. Ueber den Begriff „Schlachtgewicht" cf. unten Seite 163.

5. Im Uebrigen macht das BGB. keinen Unterschied, ob ein Thier als Nutz- und Zuchtthier oder als Schlachtthier verkauft wird.

Es gelten also in beiden Fällen alle Bestimmungen des BGB. gleichmäßig im Gegensatze zu den Bestimmungen verschiedener Landesgesetze.

(cf. auch unten § 487 III Ziff. 4.)

6. Zu beachten ist, daß sämmtliche Gewährfristen nur nach Tagen und nicht nach Wochen bestimmt sind.

7. Die kaiserliche Verordnung kann mit Zustimmung des Bundesrathes jederzeit abgeändert werden; es ist dadurch eine größere Beweglichkeit erreicht, wodurch den Interessen des Verkehrs mehr gedient ist, als wenn eine Aenderung nur in der Form des Gesetzes erfolgen könnte.

§. 483.

Die Gewährfrist beginnt mit dem Ablaufe des Tages, an welchem die Gefahr auf den Käufer übergeht.

E. I § 401; II § 418; III § 477; Mot. II S. 254. P. II Bd. I S. 736. D. S. 67.

Der Verkäufer haftet dafür, daß das Thier zu der Zeit, zu welcher die Gefahr auf den Käufer übergeht, von Hauptmängeln frei ist und daß es zu dieser Zeit die zugesicherte Eigenschaft besitzt. (§ 459 u. 482 BGB.)

A. Uebergang der Gefahr.

I. Uebergang der Gefahr mit der Uebergabe des Thieres.

1. Die Gefahr, d. h. die Haftung für zufälligen Untergang oder zufällige Verschlechterung des Thieres geht auf den Käufer des Thieres erst über mit der Erfüllung des Vertrages, also mit der Uebergabe des Thieres. (§ 446 Abs. 1 Satz 1 BGB.)

Der Uebergabe stehen gleich:

a) die brevi manu traditio d. h. die Einigung über den Uebergang des Eigenthums, wenn der Käufer das Thier bereits besitzt, sei es als unmittelbarer Besitzer z. B. als Nießbraucher, Pfandgläubiger, Pächter, Miether, Verwahrer 2c. oder als mittelbarer Besitzer;

z. B.: B hat von A ein Pferd gemiethet; der Miether B vermiethet nun dieses Pferd weiter an C; in diesem Falle hat A mittelbaren Besitz gegenüber B, B hat mittelbaren Besitz gegenüber dem Aftermiether C.

A will nun das Pferd verkaufen. Hier wird die Uebergabe an B dadurch ersetzt, daß A und B sich über den Uebergang des Eigenthums einigen und damit geht die Gefahr auf B über. (§ 929 Satz 2 u. § 868 BGB.)

b) Wegnahme des Thieres durch den Gerichtsvollzieher zum Zwecke der Ablieferung an den Käufer, wenn der Verkäufer zur Uebertragung des Eigenthums verurtheilt ist. Die Uebergabe gilt als erfolgt mit der Wegnahme des Thieres zum Zwecke der Ablieferung. (§ 897 RCPO.)

c) Der Abschluß eines constitutum possessorium: Wenn der Eigenthümer (der Verkäufer) im Besitze des Thieres ist, dann kann die Uebergabe dadurch ersetzt werden, daß zwischen dem Eigenthümer und dem Erwerber ein Rechtsverhältniß vereinbart wird, vermöge dessen der Erwerber den mittelbaren Besitz erlangt. Es wird also vereinbart, daß von dem und dem Tage an der Eigenthümer (also derjenige, welcher das Thier verkauft, der Verkäufer) das Thier als Nießbraucher, Pfandgläubiger, Pächter, Miether, Verwahrer 2c. besitzen soll, so daß der Käufer durch die Mittelsperson des Verkäufers den Besitz ausübt, also nur mittelbaren Besitz hat. (§ 868 u. § 930 BGB.)

Die Vereinbarung ist formlos.

d) Vindikationscession.

Wenn ein Dritter im Besitze des Thieres ist und wenn der Eigenthümer dem Erwerber den Anspruch auf Herausgabe des Thieres abtritt, so gilt die Uebergabe als vollzogen mit dem Moment des Vertragsabschlusses. (§§ 931, 898 ff. u. 151 BGB.)

2. Wenn der Verkäufer dem Erwerber das Thier

an den Erfüllungsort — Gegensatz siehe unten sub II, 2 — sendet, dann geht die Gefahr auf den Erwerber über erst mit der Uebergabe am Erfüllungsort. (§ 447 BGB.)

Vor der Uebergabe trägt also der Verkäufer die Gefahr.

Ueber den Erfüllungsort vergl. unten IV.

II. Uebergang der Gefahr auf den Käufer vor der Uebergabe.

Vor der Uebergabe geht die Gefahr auf den Käufer über:

1. Wenn dies unter den Parteien vereinbart ist.

2. Wenn der Verkäufer auf Verlangen des Käufers das Thier, auch wenn dasselbe nur der Gattung nach bestimmt ist, nach einem andern Orte als dem Erfüllungsorte sendet; hier geht die Gefahr auf den Käufer über, sobald der Verkäufer das Thier dem Spediteur, dem Frachtführer oder der sonst zur Ausführung der Versendung bestimmten Person oder Anstalt ausgeliefert hat. (§ 447 Abs. 1 BGB.)

3. Wenn ein nur der Gattung nach bestimmtes Thier geschuldet wird, dann geht die Gefahr auch vor der Uebergabe auf den Käufer über, nämlich mit dem Zeitpunkt, in welchem der Käufer dadurch in Verzug kommt, daß er die aus der Gattung ausgeschiedene und ihm angebotene Spezies nicht annimmt; es ist also erforderlich, daß der Verkäufer z. B. ein Pferd ausgewählt und dem Verkäufer angeboten hat; wenn nun der Käufer dieses Pferd nicht annimmt, so kommt er damit in Verzug und mit diesem Moment geht die Gefahr auf den Käufer über. (§ 300 Abs. 2 u. § 243 Abs. 2 BGB.)

Für das Anbieten gelten die Vorschriften der §§ 293 ff. BGB. cf. unten sub IV.

(cf. Endemann a. a. O. § 119 Note 10 S. 515, Planck BGB. nebst Einführungs-Gesetz Lief. 3 § 300 Note 3 Abs. 2, a. M. Meisner, das Recht der Schuldverhältnisse, Breslau, 1898 § 300 Anm. Abs. 2.)

4. Wenn der Erbe die ihm angefallene Erbschaft verkauft, dann trägt der Käufer von dem Abschlusse des Kaufes an die Gefahr des zufälligen Unterganges und einer zufälligen Verschlechterung der zur Erbschaftsmasse gehörigen Thiere.

(§§ 2371 ff u. § 2380 BGB.)

Der Verkäufer haftet jedoch in diesem Falle nicht für Hauptmängel des Thieres. (cf. § 2376 Abs. 2 BGB.)

III. Uebergang der Gefahr beim suspensiv und resolutiv bedingten Kauf, beim Kauf in Pausch und Bogen.

1. Beim suspensiv bedingten Kauf trägt, solange das Thier noch nicht übergeben ist, selbstverständlich der Verkäufer die Gefahr. Das Gleiche muß aber auch gelten, wenn die Sache, das Thier bereits übergeben ist, da gemäß § 158 BGB. die Wirkung des unter einer aufschiebenden Bedingung abgeschlossenen Geschäftes erst mit dem Eintritte der Bedingung sich äußert.

Während des Schwebens der Bedingung trägt also der Verkäufer die Gefahr. Die naturgemäße Folge ist, daß während des Schwebens der Bedingung für den Käufer eine Gewährfrist nicht laufen und daß eine Verjährung nicht beginnen kann. (Arg. aus § 483 BGB.) Die Gefahr geht auf den Käufer erst über existente condicione.

2. Beim Kauf auf Probe geht die Gefahr ebenfalls erst über existente condicione, da der Kauf auf Probe im Zweifel unter der aufschiebenden Bedingung der Billigung geschlossen ist.

(Vergl. § 495 ff. BGB.)

3. Verkauf eines Thieres unter Eigenthumsvorbehalt bis zur Bezahlung des Kaufpreises ist als suspensiv bedingtes Geschäft anzusehen. (cf. § 455 BGB.) Das Eigenthum soll erst dann

auf den Käufer übergehen, wenn der Kaufpreis bezahlt ist.

In diesem Falle wird man aber eine Ausnahme von dem Prinzip machen und sagen müssen: Die Gefahr geht in diesem Falle bereits mit der Uebergabe des Thieres auf den Käufer über und nicht erst mit der Bezahlung des letzten Pfennigs des Kaufpreises.

Diese Ansicht verdient auch vom wirthschaftlichen Standpunkte aus Billigung. Zweck der Bestimmung des § 455 BGB. ist doch, dem Käufer eine gewisse Sicherheit zu gewähren; dieser Zweck wird aber nur unvollkommen erreicht, wenn der Verkäufer, solange der Kaufpreis nicht ganz bezahlt ist, die Gefahr tragen muß.

Auch würde der Verkäufer, wenn die Gefahr nicht mit der Uebergabe des Thieres übergehen würde, viel schlechter daran sein, da dadurch seine Gewährpflicht ganz bedeutend verlängert werden könnte.

Z. B. A verkauft am 2. Januar 1900 an B ein Pferd um 800 Mk. und behält sich bis zur Bezahlung des Kaufpreises das Eigenthum an demselben vor. B bezahlt das Pferd nach und nach in Raten bis 1. Januar 1901. Jetzt soll A, der unter Umständen mühsam, vielleicht erst im Wege des Prozesses zu seinem Gelde gekommen ist, haften, wenn z. B. am 3. Januar 1901 beim Pferde sich ein Gewährmangel zeigt. Das kann unmöglich der Sinn des Gesetzes sein.

(cf. auch Mot. Bd. II S. 319, S. 324, Scherer a. a. O. § 477 Note 5 S. 562 ff., Henle-Fischer § 446 Note 3.)

4. Beim resolutiv bedingten Kauf gilt nichts Besonderes, die Gefahr geht über mit der Uebergabe oder dem ihr gleichstehenden Rechtsakt, da hier die Wirkungen des Rechtsgeschäftes ohne Weiteres eintreten.

(§ 158 Abs. 2 BGB.)

5. Für den Kauf in Pausch und Bogen gilt nichts Besonderes, außer es ist die Absicht der Parteien

auf ein Absehen von dem Untergange einzelner Stücke oder von deren Beschaffenheit gerichtet.

(cf. Mot. Bd. II S. 325.)

IV. Uebergang der Gefahr bei Verzug des Gläubigers (des Käufers) in der Annahme des Thieres.

In diesem Falle geht die Gefahr auf den Käufer über mit dem Moment, wo derselbe mit der Annahme des Thieres in Verzug kommt. (§ 293 u. § 300 BGB.)

Letzteres ist aber dann der Fall, wenn der Käufer die ihm am rechten Ort (§ 269 BGB.) und zur rechten Zeit (§ 271 BGB.) realiter angebotene Leistung, die sich vollinhaltlich als Erfüllung der Obligation darstellt, nicht annimmt. (§ 293 BGB.)

Irgend ein Verschulden des Käufers ist nicht erforderlich.

Bei den nachstehenden Ausführungen ist immer § 242 BGB. zu beachten, wonach der Schuldner verpflichtet ist, die Leistung so zu bewirken, wie Treu und Glauben mit Rücksicht auf die Verkehrssitte es erfordern.

1. Ort der Leistung.

Am rechten Ort muß die Leistung angeboten worden sein.

Die Leistung, in unserm Falle also die Lieferung des Thieres, hat zu erfolgen:

a) an dem Orte, welcher ausdrücklich oder stillschweigend als Ort der Leistung bestimmt oder nach den Umständen, dem muthmaßlichen, nach Treu und Glauben im Verkehr zu bemessenden Willen der Parteien als solcher zu betrachten ist. (§ 269 Abs. 1 BGB.)

b) Wenn diese eben erwähnten Voraussetzungen nicht zutreffen, an dem Ort, an welchem der Schuldner (der Verkäufer) zur Zeit der Entstehung des Schuldverhältnisses seinen Wohnsitz hatte. (§ 269 Abs. 1 BGB.)

Im Zweifel hat also, wenn die Voraussetzungen sub a nicht gegeben sind, der Käufer des Thieres (der Gläubiger) dasselbe am Wohnsitze des Verkäufers (des Schuldners) abzuholen (Holschuld).

Ueber den Begriff „Wohnsitz" vergl. §§ 7 ff. BGB.

Hat der Verkäufer (Schuldner) einen mehrfachen Wohnsitz, dann hat er die Wahl, an welchem Wohnsitz er erfüllen will, er kann also an jedem der mehreren Wohnsitze die Erfüllung anbieten.

Behauptet der Käufer oder Verkäufer einen anderen Erfüllungsort als den Wohnsitz des Schuldners (Verkäufers), dann muß der Behauptende dies beweisen.

Hat der Schuldner keinen Wohnsitz zur Zeit des Vertragsabschlusses, so tritt an Stelle des Wohnsitzes der Aufenthaltsort zur genannten Zeit.

c) Wenn die Verbindlichkeit im Gewerbebetrieb des Schuldners (Verkäufers) entstanden ist, und wenn die gewerbliche Niederlassung des Schuldners an einem anderen Orte sich befindet als am Wohnsitz des Schuldners, dann hat die Leistung am Orte der gewerblichen Niederlassung und nicht am Wohnsitze des Schuldners zu erfolgen. (§ 269 Abs. 2 BGB.)

Wenn z. B. ein Pferdehändler in seinem Gewerbebetrieb Pferde verkauft, so hat er am Orte seiner gewerblichen Niederlassung zu erfüllen, wenn er einen vom Orte der gewerblichen Niederlassung verschiedenen Wohnsitz hat.

Hat der Schuldner (Verkäufer) mehrere gewerbliche Niederlassungen, dann hat er an dem Orte der gewerblichen Niederlassung zu erfüllen, an welchem die Verbindlichkeit entstanden ist.

d) Hat der Schuldner (Verkäufer) die Kosten der Versendung des Thieres übernommen, so folgt aus diesem Umstande allein noch nicht, daß der Ort, nach welchem die Versendung zu erfolgen hat, auch der Leistungsort sein soll. (§ 269 Abs. 3 BGB.)

2. Zeit der Leistung.

a) Es muß zu der ausdrücklich oder stillschweigend festgesetzten oder aus den Umständen zu entnehmenden Zeit geleistet werden. (§ 271 Abs. 1 BGB.)

Wenn eine Zeit für die Leistung bestimmt ist, so ist im Zweifel anzunehmen, daß der Gläubiger die Leistung nicht vor diesem Zeitpunkt verlangen, der Schuldner (Verkäufer) aber sie vorher bewirken kann. (§ 271 Abs. 2 BGB.)

b) Ist die Leistungszeit nicht bestimmt, dann kann der Gläubiger (Käufer) die Leistung sofort verlangen, der Schuldner (Verkäufer) sie sofort bewirken. (§ 271 Abs. 1 BGB.)

In diesem Falle jedoch — wenn also die Leistungszeit nicht bestimmt ist — sowie dann, wenn der Schuldner (Verkäufer) berechtigt ist, vor der bestimmten Zeit zu leisten (cf. sub 2a Abs. 2 dieser Erläut.), kommt der Gläubiger nicht in Verzug, wenn er nur vorübergehend an der Annahme der angebotenen Leistung verhindert ist. (§ 299 BGB.)

Eine Verhinderung liegt aber nur dann vor, wenn vom Willen des Gläubigers (Käufers) unabhängige Ereignisse ihm die Annahme der Leistung unmöglich machten, mag nun das Eintreten dieser Ereignisse auf einem Verschulden des Gläubigers beruhen oder nicht.

Der Schuldner (Verkäufer) hat sein Angebot, der Gläubiger (Käufer) die vorübergehende Verhinderung zu beweisen.

Der Gläubiger (Käufer) kann sich jedoch auf eine vorübergehende Behinderung nicht berufen, wenn der Schuldner (Verkäufer) ihm die Leistung angemessene Zeit vorher angekündigt hat. Der Gläubiger (Käufer) kommt in diesem Falle durch die Nichtannahme in Verzug. (§ 299 i. f. BGB.)

c) Ist an einem bestimmten Tage die Leistung

zu bewirken und fällt dieser Tag auf einen Sonntag oder einen am Leistungsorte staatlich anerkannten allgemeinen Feiertag, so hat die Leistung am nächstfolgenden Werktage zu erfolgen. (§ 193 BGB.)

3. Anbieten der Leistung.

Der Verzug tritt erst dann ein, wenn der Schuldner (Verkäufer) dem Gläubiger (Käufer) die Leistung angeboten hat. (§ 293 BGB.)

a) Wer hat die Leistung anzubieten?

Der Schuldner hat die Leistung dann anzubieten, wenn er in Person zu leisten hat.

Ist dies nicht der Fall, dann kann das thatsächliche Anbieten auch durch einen Dritten Namens des Schuldners erfolgen, wenn der Schuldner nicht widerspricht. (§§ 294 u. 267 BGB.)

b) Wem muß die Leistung angeboten werden?

Das Angebot muß erfolgen an den Gläubiger; es kann aber auch an den Stellvertreter des Gläubigers mit der gleichen Wirkung wie an diesen erfolgen, wenn der Stellvertreter Vertretungsvollmacht besitzt. (§ 164 Abs. 3 BGB.)

c) Realoblation,

Regelmäßig ist erforderlich thatsächliches Anbieten der Leistung (Realoblation), wodurch der Gläubiger (Käufer) Kenntniß von der Oblation des Schuldners erhält, der damit zugleich sein Leistungsvermögen darthut. (cf. unten Zusatz zu 1—5.)

Das thatsächliche Anbieten hat am rechten Ort zu erfolgen. (cf. oben sub IV 1.)

d) Verbaloblation.

Ausnahmsweise genügt auch wörtliche Erklärung der Erfüllungsbereitschaft (Verbaloblation) des Schuldners (im Gegensatz zu § 294 BGB., cf. oben IV 3 a genügt das wörtliche Anbieten eines Dritten nicht, um den Gläubiger in Verzug zu setzen):

α) Wenn der Gläubiger (Käufer) dem Schuldner (Verkäufer) — nicht etwa einem zur Leistung bereiten Dritten — erklärt hat, daß er die Leistung nicht annehmen werde. (§ 295 BGB.)

β) Wenn zur Bewirkung der Leistung eine Handlung des Gläubigers erforderlich ist, z. B. wenn der Käufer das Thier vom Verkäufer abholen muß, was die Regel ist. (cf. oben IV 1b.)

Kommt der Käufer, um das Thier abzuholen, dann muß natürlich der Verkäufer das Thier realiter anbieten; nimmt der Käufer das Thier nicht an, so kommt er in Verzug. — Kommt aber der Verkäufer nicht, dann genügt Verbaloblation und es kommt der Käufer in Verzug, wenn er sich zur Empfangnahme des Thieres auf das wörtliche Anbieten hin nicht einfindet.

Wenn dann der Käufer auf die wörtliche Erklärung der Erfüllungsbereitschaft hin rechtzeitig erscheint, um das Thier abzuholen, so ist natürlich wieder Realoblation durch den Verkäufer erforderlich.

Dem wörtlichen Anbieten steht die Aufforderung an den Gläubiger gleich, die erforderliche Handlung vorzunehmen, z. B. die Aufforderung, das Thier abzuholen. (§ 295 BGB.)

Zu α und β.

Für das wörtliche Anbieten sowie die Aufforderung des Schuldners (Verkäufers) gelten die Bestimmungen der §§ 130 ff. BGB. (vergl. auch unten § 487 II Ziff. 1 ff.).

c) Weder Real- noch Verbaloblation ist erforderlich, wenn für die vom Gläubiger vorzunehmende Handlung eine Zeit nach dem Kalender bestimmt ist und der Gläubiger die Handlung nicht rechtzeitig vornimmt.

Wenn z. B. der Käufer vereinbarungsgemäß das gekaufte Thier am 1. Mai abholen soll, wenn er aber am 1. Mai das Thier nicht abholt, dann braucht der Verkäufer weder thatsächlich noch wörtlich Erfüllung anzubieten, der Käufer kommt mit Ablauf des 1. Mai in Verzug.

4. Die vom Schuldner angebotene Leistung muß sich vollinhaltlich als Erfüllung der Obligation darstellen.

Wenn z. B. A von B ein Viergespann gekauft hat und es bietet B dann 3 Pferde an, so ist natürlich A berechtigt, die Annahme zu verweigern, weil die Lieferung von 3 Pferden nicht als Erfüllung der Obligation erscheint.

Oder wenn A dem B das von diesem gekaufte Pferd anbietet und wenn dieses Pferd mit einem Hauptmangel behaftet ist, so geräth B durch die Nichtannahme nicht in Verzug, weil die Lieferung eines mit einem Hauptmangel behafteten Pferdes sich nicht als Erfüllung der Obligation darstellt. (cf. auch Arg. aus § 464 BGB.) *)

5. Nichtannahme der Leistung.

a) Aus welchem Grunde der Gläubiger, d. i. der Käufer des Thieres, dasselbe nicht annimmt, ist gleichgültig, ebenso der Umstand, ob ihn ein Verschulden trifft oder nicht.

b) Es genügt die einfache Thatsache der Nichtannahme des Gläubigers. Verweigerung der Annahme seitens des Gläubigers, eine ausdrückliche oder stillschweigende, die Ablehnung enthaltende Erklärung des Gläubigers ist nicht Voraussetzung des Gläubigerverzuges. (Mot. II. S. 68—69.)

Zusatz zu Ziff. 1—5.

In all diesen Fällen kommt aber der Gläubiger (Käufer) doch nicht in Verzug, wenn der Schuldner (Verkäufer) zur Zeit des Angebotes oder zu der für die Handlung des Gläubigers bestimmten Zeit außer

*) Vergl. auch Schneider a. a. O. S. 115.

Stande ist, die Leistung zu bewirken, wenn also das reelle Leistungsvermögen fehlt. (§ 297 BGB.)

Der Schuldner hat sein Angebot, der Gläubiger das zur Zeit des Angebotes mangelnde Leistungsvermögen des Schuldners zu beweisen.

V. Der Gläubiger (Käufer) geräth ferner in Verzug, wenn der Schuldner (Verkäufer) nur gegen eine Leistung des Gläubigers (Käufers) zu leisten verpflichtet ist, und wenn er zwar bereit ist, die von dem Schuldner (Verkäufer) angebotene Leistung z. B. das Pferd anzunehmen, seinerseits aber die verlangte Gegenleistung z. B. den Kaufpreis nicht anbietet, z. B. wenn Zug um Zug zu leisten ist.

Es wird nicht Verweigerung der Gegenleistung gefordert, es genügt zur Begründung des Annahmeverzuges auf Seite des Gläubigers das Unterlassen des Anbietens der verlangten Gegenleistung.

(§ 298 BGB.)

B. Beginn und Ende der Gewährfrist.

(Vorbemerkung: Die nachstehenden Bestimmungen des BGB. enthalten nur dispositives Recht, d. h. die Parteien können im Wege des formlosen Vertrages jederzeit Anderes vereinbaren [§ 186 BGB.].)

1. Die Gewährfrist beginnt mit dem Ablaufe des Tages, an welchem die Gefahr auf den Käufer übergeht. Dieser Tag wird also nicht mitgerechnet.

Selbstverständlich wird die Frist nur nach vollen Tagen gerechnet. (Civilkomputation.)

Die Frist beginnt auch dann zu laufen, wenn der auf den Tag des Gefahrüberganges folgende Tag ein Sonntag oder allgemeiner Feiertag ist.

2. Die Gewährfrist läuft zusammenhängend fort, sie kann nicht unterbrochen und auch nicht gehemmt werden, es giebt auch keine Restitution gegen den Ablauf derselben.

3. Das Ende der Frist wird folgendermaßen berechnet:

a) Ist die Frist nach Tagen bestimmt, so endigt sie mit dem Ablauf des letzten Tages der Frist. (§ 188 Abs. 1 BGB.)

Nach der Kaiserlichen Verordnung sind alle Gewährfristen nach Tagen bestimmt.

Beispiel:

Die gekaufte Kuh wurde dem Käufer am 3. Januar 1900 übergeben. Innerhalb der 14tägigen Gewährfrist zeigt sich bei dem Thier tuberkulöse Erkrankung.

Diese 14tägige Frist beginnt, da der 3. Januar als Tag der Uebergabe nicht gerechnet wird, am 4. Januar 1900 und endigt mit Ablauf des 17. Januar 1900.

b) Die Gewährfrist endigt auch dann, wenn der letzte Tag derselben auf einen Sonntag oder einen am Erklärungsorte oder Leistungsorte staatlich anerkannten allgemeinen Feiertag fällt.*)

§ 193 BGB. setzt nämlich voraus, daß an einem bestimmten Tage oder innerhalb einer bestimmten Frist eine Erklärung 2c. abzugeben ist mit der Wirkung, daß, wenn die Erklärung an dem bestimmten Tage oder innerhalb der bestimmten Frist nicht abgegeben wird, irgend ein Rechtsverlust eintritt.

Das letztere ist nun bei der Gewährfrist nicht der Fall, auch wenn innerhalb derselben eine Erklärung nicht abgegeben wird, so bleiben dem Käufer doch alle Rechte gewahrt.

Ein Rechtsverlust tritt nur dann ein, wenn nicht spätestens innerhalb zweier Tage nach dem Ablaufe der Gewährfrist oder dem Tode des Thieres eine der in § 485 BGB. bezeichneten Handlungen vorgenommen wird.

Wenn nun der zweite Tag dieser Frist auf einen

---

*) (A. M. Dieckerhoff a. a. O. S. 112 Ziffer 2 Abs. 2, dessen Ansicht ich jedoch nicht für richtig halten kann. Zustimmend jetzt auch Meisner Chr. § 483 S. 26.)

Sonntag oder einen am Erklärungsorte staatlich anerkannten allgemeinen Feiertag fällt, dann kann eine der in § 485 BGB. vorgeschriebenen Handlungen auch noch am nächstfolgenden Werktag vorgenommen werden.

Nach einer strengen Auslegung, wenn man nämlich das Wörtchen „spätestens" betont, müßte auch diese zweitägige Frist an einem Sonntag endigen. Dies dürfte jedoch der Intention des Gesetzgebers nicht entsprechen, welche im Interesse der Sonntagsheiligung auch den Zwang zur Abgabe von Willenserklärungen an einem Sonntag vermieden wissen wollte.*)

Beispiel:

Wenn das Thier am 5. Januar 1900 übergeben wurde und es zeigt sich innerhalb der Gewährfrist Tuberkulose, dann beginnt die 14 tägige Gewährfrist am 6. Januar 1900 und endigt mit Ablauf des 19. Januar 1900.

Die zweitägige Frist des § 485 BGB. beginnt mit dem 20. Januar 1900 und endigt, da der zweite Tag der Frist auf den 21. Januar, einen Sonntag fällt, mit Ablauf des 22. Januar 1900.

C. Berücksichtigung des Ablaufes der Gewährfrist von Amtswegen.

Der Richter hat den Ablauf der Gewährfrist von Amtswegen und nicht erst auf Antrag der Partei zu berücksichtigen.

Die Gewährfrist kann die gesetzliche oder die gemäß § 486 BGB. vereinbarte sein.

(cf. Scherer a. a. O. § 483 Note 3 S. 574).

Zusatz.

Allgemeine Feiertage.

Gemäß § 193 BGB. endigt die Frist, innerhalb welcher eine Willenserklärung abzugeben ist, nicht mit

*) Vergl. Endemann a. a. O. S. 253 Note 8.

Ablauf des letzten Tages der Frist, wenn dieser letzte Tag auf einen Sonntag oder einen am Erklärungs- oder Leistungsorte staatlich anerkannten allgemeinen Feiertag fällt, die Frist endigt vielmehr mit Ablauf des nächstfolgenden Werktages.

Es ist also bezüglich der Feiertage erforderlich

1. daß sie allgemeine sind

2. daß sie am Erklärungs- oder Leistungsorte staatlich als solche anerkannt sind.

Welches sind die allgemeinen Feiertage?*)

Die Erwartung, daß die Ausführungsgesetze der Einzelstaaten hierüber Bestimmungen treffen werden, hat sich leider nicht erfüllt.

Der Geburtstag des Kaisers ist kein allgemeiner Feiertag ebensowenig wie der des Landesherrn, auch nicht der Tag der Thronbesteigung des Landesherrn, auch nicht der Sedanstag.

Allgemeine Feiertage sind:

In Preußen: 1. der Neujahrstag, der Charfreitag**), der Ostermontag, der Pfingstmontag und die beiden Weihnachtsfeiertage, 2. der Buß- und Bettag (jetzt der Mittwoch vor dem letzten Trinitatistage), 3. der Himmelfahrtstag.

In Bayern:***) 1. die zu 1 bei Preußen genannten Tage, 2. die Buß- und Bettage, 3. (fast in dem ganzen Umfange der Monarchie) das Fronleichnamsfest, Hl. 3 Könige (6. Januar), Mariä Lichtmeß (2. Februar), Josef (19. März), Mariä Verkündigung (25. März), Jo-

---

*) Diese Angaben sind entnommen Staubs Kommentar zur WO. 2. Aufl. Berlin 1896 Art. 92 § 3.

**) Gesetz vom 2. September 1899.

***) Zu beachten ist, daß der Feiertag am Erklärungsort staatlich als allgemeiner anerkannt ist; an einem Ort mit rein katholischer Bevölkerung sind natürlich Buß- und Bettage keine allgemeinen Feiertage.

hann der Täufer (24. Juni), Peter und Paul (29. Juni), Mariä Himmelfahrt (15. August), Mariä Geburt (8. September), Aller Heiligen (1. November), Mariä Empfängniß (8. Dezember), ferner das Parochial-Patrozinium und das Diözesan-Patrozinium.

Im Königreich Sachsen: 1. die zu 1 bei Preußen genannten Tage, 2. die Buß- und Bettage (Freitag vor Oculi und der Freitag vor dem letzten Sonntag nach Trinitatis), 3. Hl. 3 Könige (6. Januar), Mariä Verkündigung 25. März), der Reformationstag (31. Oktober).

In Baden: 1. die zu 1 bei Preußen genannten Tage, 2. die Buß- und Bettage, 3. Fronleichnamsfest und Allerheiligen.

In Württemberg: Neujahr, Erscheinung Christi, Charfreitag, Ostermontag, Pfingstmontag, Christi Himmelfahrt, Fronleichnam, Peter und Paul, Mariä Himmelfahrt, Weihnachten, Stephanstag.

§. 484.

Zeigt sich ein Hauptmangel innerhalb der Gewährfrist, so wird vermuthet, daß der Mangel schon zu der Zeit vorhanden gewesen sei, zu welcher die Gefahr auf den Käufer übergegangen ist.

E. I § 402 Satz 1; II § 419; III § 478. Mot. II S. 252—254; P. II Bd. I S. 736. D. S. 67.

1. Der Verkäufer haftet dafür, daß das veräußerte Thier in dem Momente, wo die Gefahr auf den Käufer übergeht, von Hauptmängeln frei ist.

Der Verkäufer haftet also nicht:

a) Wenn das Thier vor dem Gefahrübergang mit einem Hauptmangel behaftet war, zur Zeit des Gefahrüberganges aber nicht mehr;

b) wenn der Hauptmangel erst nach dem Gefahrübergang bei dem Thiere entstanden ist.

2. Kläger muß beweisen: Einmal, daß das Thier

mit einem Hauptmangel behaftet ist; sodann, daß dieser Hauptmangel innerhalb der Gewährfrist sich gezeigt hat.

Hat Kläger letzteren Beweis geliefert, dann wird vermuthet, daß der Mangel schon zur Zeit des Gefahrüberganges vorhanden war, es bedarf also keines diesbezüglichen Beweises.

3. Gegenüber dieser Vermuthung steht dem Beklagten der Gegenbeweis offen, daß der Hauptmangel erst nach dem Uebergang der Gefahr auf den Käufer entstanden ist. (cf. § 292 RCPO.)

Der Verkäufer muß diese letztere Behauptung durch Anführung bestimmter Thatsachen auch begründen.

(cf. auch Scherer § 484 Note 2 a.)

4. Ueber den Fall der Zusicherung von Eigenschaften 2c. cf. unten § 492 Note IV 2 S.

§. 485.

Der Käufer verliert die ihm wegen des Mangels zustehenden Rechte, wenn er nicht spätestens zwei Tage nach dem Ablaufe der Gewährfrist oder, falls das Thier vor dem Ablaufe der Frist getödtet worden oder sonst verendet ist, nach dem Tode des Thieres den Mangel dem Verkäufer anzeigt oder die Anzeige an ihn absendet oder wegen des Mangels Klage gegen den Verkäufer erhebt oder diesem den Streit verkündet oder gerichtliche Beweisaufnahme zur Sicherung des Beweises beantragt. Der Rechtsverlust tritt nicht ein, wenn der Verkäufer den Mangel arglistig verschwiegen hat.

E. I § 402 Satz 2; II § 420; III § 479. Mot. II S. 254—256; P. II Bd. I S. 737—739; D. S. 67 u. 68.

I. Was ist unter „Mangel" zu verstehen?

Das Wort „Mangel" ist in § 485 BGB. ganz allgemein gebraucht, es umfaßt die Hauptmängel, das Fehlen der zugesicherten Eigenschaft, das Vorhandensein eines nicht zu den Hauptmängeln gehörigen Fehlens, für dessen Nichtvorhandensein die ausdrückliche Haftung vom Verkäufer übernommen wurde.

II. Der Käufer hat bestimmte Rechte.

Ueber die dem Käufer wegen des Mangels zustehenden Rechte vergl. §§ 487 ff. und die dortigen Anmerkungen.

1. Voraussetzung für die Ausübung dieser Rechte.

Diese Rechte hat der Käufer nur dann, wenn er spätestens innerhalb zweier Tage nach dem Ablauf der Gewährfrist oder, falls das Thier vor dem Ablauf der Gewährfrist getödtet worden oder sonst verendet ist, innerhalb zweier Tage nach dem Tode des Thieres eine der in § 485 BGB. bezeichneten Handlungen vornimmt.

2. Tödtung des Thieres, was ist darunter zu verstehen?

a) man ist versucht, unter die „Tötung" des Thieres nicht auch den Fall zu rechnen, wenn ein als Schlachtthier verkauftes Thier geschlachtet wird, weil man unter dem „Töten" mehr an ein nicht ganz freiwilliges, durch die Verhältnisse gebotenes, gezwungenes Handeln denkt; auch der Zusatz „oder sonst verendet ist" könnte einen in dieser Ansicht bestärken.

Allein es läßt sich diese Ansicht in keiner Weise stützen und es trifft denn auch bei Schlachtthieren die ratio der Bestimmung, daß 2 Tage nach dem Tode des Thieres die Mängelanzeige erstattet werden muß, zu.

Es soll nämlich verhütet werden, daß der Käufer erst innerhalb zweier Tage nach Ablauf der Gewährfrist von dem Mangel Kenntniß erhält, in einem Zeitpunkt, wo von dem getödteten Thiere gar nichts mehr vorhanden ist.

Es wäre natürlich unter solchen Umständen dem Verkäufer eine Kontrole des Käufers, welche sich auf Feststellung der Identität des verkauften Thieres mit dem geschlachteten Thiere, auf Konstatirung des Hauptmangels rc. richten muß, überhaupt unmöglich.

b) Es ist also unter Tödtung auch die Schlachtung im Sinne der eben gemachten Ausführungen zu verstehen, ebenso auch die Schlachtung eines als Nutz- und Zuchtthier verkauften Thieres, die Nothschlachtung, die Tötung des Thieres durch Unfall rc.

c) Der Begriff „Verendet" bietet keine Schwierigkeit.

3. Durch die Verpflichtung, zwei Tage nach dem Tode oder dem Verenden des Thieres, Anzeige rc. zu machen, wird die Gewährfrist nicht verkürzt und nicht aufgehoben.

Die gegentheilige Ansicht Sauer's a. a. O. S. 123 Note 3 ist unrichtig.

Die Gewährfrist wird durch den Tod des Thieres gar nicht berührt; sie beginnt und läuft und endigt wie sonst; wäre das nicht so, wann müßte dann die 6 Wochenfrist des § 490 BGB. beginnen? Daß die Verjährung des § 490 BGB. aber vom Ende der Gewährfrist an beginnt, unterliegt keinem Zweifel.

Gerade aus diesem Gesichtspunkte ergiebt sich, daß von einer Verkürzung oder Aufhebung der Gewährfrist keine Rede sein kann.

4. Beginn und Ende der zweitägigen Ausschlußfrist.

Vorbemerkung: Die zweitägige Ausschlußfrist kann weder verlängert noch verkürzt werden.

a) Die zweitägige Ausschlußfrist beginnt mit dem Ablaufe der Gewährfrist; also, da gemäß § 187 Abs. 1 BGB. dieser Tag nicht mitgerechnet wird, mit dem Anfange des dem letzten Tage der Gewährfrist folgenden Tages.

Ist das Thier vor Ablauf der Gewährfrist getödtet

worden oder sonst verendet, dann beginnt die zweitägige Ausschlußfrist mit dem Tode des Thieres, also, da gemäß § 187 Abs. 1 BGB. dieser Tag nicht mitgerechnet wird, mit dem Anfange des dem Todestage folgenden Tages.

b) Die zweitägige Ausschlußfrist endigt mit Ablauf des zweiten Tages nach dem Ablauf der Gewährfrist oder nach dem Tode des Thieres. (§ 188 Abs. 1 BGB.)

Fällt der zweite Tag der Ausschlußfrist auf einen Sonntag oder allgemeinen Feiertag, dann endigt die Ausschlußfrist mit Ablauf des nächstfolgenden Werktages.

(cf. oben § 483 B. 3b. A. M. Meisner Chr. a. a. O. S. 33).

5. Jede der in § 485 BGB. bezeichneten Handlungen kann natürlich auch schon vor dem Ablaufe der Gewährfrist, also vor Beginn der zweitägigen Ausschlußfrist vorgenommen werden.

III. Beweislast.

a) Der Verkäufer, welcher den Verlust der dem Käufer wegen des Mangels zustehenden Rechte behauptet, muß lediglich beweisen, daß die zweitägige Ausschlußfrist des § 485 BGB. abgelaufen ist.

Denn der Verkäufer behauptet die Regel: „Mit dem Ablauf der Ausschlußfrist verliert der Käufer seine Rechte. Es muß also Verkäufer den Ablauf der Ausschlußfrist beweisen“. (cf. auch Planck a. a. O. § 485 Note 1 a i. f.)

b) Der Käufer muß behaupten und auf Bestreiten beweisen, daß er innerhalb der zweitägigen Ausschlußfrist des § 485 BGB. eine der dort bezeichneten Handlungen vorgenommen hat.

IV. Handlungen, welche, wenn sie vor Ablauf der zweitägigen Frist vorgenommen wurden, geeignet sind, die dem Käufer wegen des Mangels zustehenden Rechte zu wahren und welche dem Käufer wahlweise zustehen:

1. Mündliche Anzeige des Mangels an den Ver-

käufer, sei es direkt von Käufer zu Verkäufer oder durch einen vom Käufer geschickten Boten. — Es genügt also das sog. „Ansagen" des Thieres.

2. Schriftliche Anzeige. In diesem Falle genügt der Nachweis des Käufers, daß er die Anzeige an den Verkäufer abgesendet hat. Nicht erfordert wird zur Wahrung der Frist, daß die Anzeige bei dem Veräußerer auch angekommen ist.

Es wird also die Anzeige mittelst eingeschriebenen Briefes oder mittelst Telegrammes sich empfehlen.

3. Erhebung der Klage. Die Klage muß also innerhalb der zweitägigen Frist zugestellt sein. (§ 253 RCPO.)

4. Streitverkündung an den Verkäufer gemäß §§ 72ff. RCPO.

Wenn z. B. der Käufer B das Thier weiter veräußert hat und von dem Erwerber C desselben wegen eines Hauptmangels ein Prozeß anhängig gemacht wurde, dann kann der erste Käufer B dem ersten Verkäufer A den Streit verkünden und dadurch seine Rechte wahren.

Auch hier muß innerhalb der zweitägigen Frist der die Streitverkündung enthaltende Schriftsatz zugestellt sein. (§ 73 RCPO.)

Zusatz zu 3 und 4.

Zustellung einer nichtigen Klage oder Streitverkündung oder Erhebung der Klage vor einem unzuständigen Gericht genügen, da ja der Verkäufer hierdurch innerhalb der zweitägigen Frist durch den Käufer auf dessen Veranlassung den Mangel erfährt.

(cf. auch Scherer a. a. O. § 485 Note 3 Abs. 2 S. 578. A. M. Meisner Chr. § 485 S. 34).

5. Beweissicherungsantrag.

a) Der Käufer kann zum Zwecke der Feststellung des Mangels gerichtliche Beweisaufnahme zur Sicherung des Beweises gemäß §§ 485 ff. RCPO. beantragen. Dabei muß das Gericht dem Antrage auch dann stattgeben, wenn nicht zu besorgen ist, daß das Beweismittel verloren oder die Benützung desselben erschwert werde.

(§ 488 Abs. 1 RCPO.)

Glaubhaftmachung der Verlustgefahr im Sinne des § 487 Ziff. 4 RCPO. ist nicht erforderlich. (Argum. aus § 485 und 488 RCPO.)

Der Antrag muß innerhalb der zweitägigen Frist bei Gericht eingereicht sein.

Mit dem Beweissicherungsantrage kann zugleich der Antrag auf Einnahme des Augenscheins und auf Vernehmung von Zeugen und Sachverständigen gestellt werden.

b) Im Zusammenhang mag gleich hier bemerkt werden, daß der Verkäufer ebenfalls die Beweisaufnahme gemäß § 488 Abs. 1 RCPO. beantragen kann, wenn ihm der Käufer des Thieres einen Hauptmangel angezeigt oder die Annahme des Thieres wegen eines Hauptmangels verweigert hat.

(§ 488 Abs. 2 RCPO.)

V. Bestimmte Bezeichnung des Mangels.

Die schriftliche oder mündliche Anzeige, die Klage, die Streitverkündung, der Beweissicherungsantrag müssen den Mangel, aus welchem der Käufer seine Rechte ableiten will, bestimmt bezeichnen.*)

Hat der Käufer eines mit Dummkoller und Koppen behafteten Pferdes innerhalb der zweitägigen Frist des § 485 BGB. die Anzeige wegen Dummkollers erstattet, dann kann er nach Ablauf der zweitägigen Frist nicht auch wegen des von ihm nicht angezeigten Fehlers „Koppen“ Klage erheben.

Ist der Käufer des Thieres im Zweifel, welcher Hauptmangel vorliegt, dann wird er gut thun, alle die Hauptmängel dem Verkäufer anzuzeigen, an welchen das Thier nach seiner Ansicht möglicherweise leiden kann.

(cf. auch Dieckerhoff a. a. O. S. 86.)

*) cf. auch Meisner Chr. § 485 S. 31.

VI. Rechtsfolge des Unterlassens der Vornahme der in § 485 BGB. vorgeschriebenen Handlungen.

1. Wenn der Käufer eine der im § 485 BGB. vorgeschriebenen Handlungen nicht rechtzeitig, d. h. nicht spätestens innerhalb der zweitägigen Frist vornimmt, so ist die Rechtsfolge die, daß er sämmtliche ihm wegen des Mangels zustehenden Rechte, d. h. den Anspruch selbst verliert.

Der Anspruch kann also auch nicht mehr einredeweise geltend gemacht werden.

Es ist das eine der wichtigsten Bestimmungen, welche genau zu beachten ist.

(cf. des Näheren unten § 490 sub III.)

2. Der Rechtsverlust tritt jedoch nicht ein, obwohl der Käufer nicht rechtzeitig eine der im § 485 BGB. vorgeschriebenen Handlungen vorgenommen hat, wenn der Verkäufer den Hauptmangel arglistig verschwiegen hat, d. h. in Kenntniß des Mangels und in Täuschungsabsicht.

Ich will gleich hier anschließend den Begriff des arglistigen Verschweigens näher erörtern.

VII. Arglistiges Verschweigen.

Das BGB. giebt keine Definition dieses Begriffes und es ist ungeheuer schwierig, eine vollständig erschöpfende Definition dieses Begriffes zu geben.

Die bisherige Literatur giebt keine einheitliche Erklärung dieses Begriffes.

(Literatur: Scherer a. a. O. § 476 Note 2 I—III S. 556 ff. § 123 C S. 192 ff.; Schneider a. a. O. S. 169 ff.; Dieckerhoff a. a. O. S. 88 ff.; Sauer-Reuter a. a. O. S. 136 ff.)

1. Verschweigen eines nicht zu den Hauptmängeln gehörigen erheblichen Fehlers ist nicht arglistes Verschweigen.

Nach dem Gesetze haftet der Verkäufer eines Thieres nur für Hauptmängel, nicht auch für andere Mängel.

Das Gesetz unterstellt, daß nur die Hauptmängel den Werth oder die Tauglichkeit des Thieres zu dem gewöhnlichen Gebrauch aufheben oder mindern; bei andern Mängeln als den Hauptmängeln soll dies nach jener Präsumption nicht der Fall sein.

Es besteht demnach für den Verkäufer auch keine Rechtspflicht, den Käufer auf das Vorhandensein eines Nicht-Hauptmangels aufmerksam zu machen, sein Verschweigen ist deshalb kein arglistiges.

(cf. Mot. II S. 263.)

Nach den speziellen Bestimmungen der §§ 481 ff. kann in diesem Falle der Verkäufer von dem Käufer nicht gepackt werden.

Ob ein Vorgehen des Käufers gegen den Verkäufer nach § 123 oder §§ 823 ff. BGB. in einem derartigen Falle möglich ist, erscheint mir wegen der speziellen Erfordernisse dieser Paragraphen trotz der Motive Bd. II S. 263 mehr als zweifelhaft.

2. Verschweigen eines zu den Hauptmängeln gehörigen erheblichen Fehlers.

Der Verkäufer des Thieres haftet kraft Gesetzes für die Hauptmängel. Treu und Glauben im Verkehr erfordern es, daß der Verkäufer, wenn er das Vorhandensein eines Hauptmangels kennt, den Käufer auf das Vorhandensein dieses Hauptmangels aufmerksam macht, es besteht für den Verkäufer eine Rechtspflicht zum Reden.

a) Arglistig ist dieses Verschweigen des Hauptmangels nicht,

wenn der Verkäufer zwar den Hauptmangel kannte, wenn er aber die Mittheilung des Mangels an den Verkäufer im guten Glauben unterließ, z. B. weil der Verkäufer meinte, der Käufer sei von dem Vorhandensein des Hauptmangels schon unterrichtet.

b) Arglistig ist dieses Verschweigen des Hauptmangels,

wenn der Verkäufer den Hauptmangel zwar kannte, wenn er aber die Mittheilung desselben an den Käufer in Täuschungsabsicht unterließ.

Diese Täuschungsabsicht kann klar zu Tage liegen; z. B. es wird durch Zeugen nachgewiesen, daß der Verkäufer nach der Uebergabe des Thieres an den Käufer sagte: den Maier habe ich schön hereingelegt, der hat die periodische Augenentzündung am Pferde gar nicht gemerkt.

Diese Täuschungsabsicht kann aber auch aus den Umständen des Falles entnommen werden. Z. B. A läßt am 1. Februar sein Pferd, das er vor einem Jahr um 1000 Mk. gekauft hat, vom Thierarzt untersuchen, derselbe konstatirt periodische Augenentzündung und sagt zu A: Das Pferd ist halt jetzt sehr entwerthet, es ist in Folge der Augenentzündung höchstens 500 Mk. werth.

Am 2. Februar verkauft nun A dieses Pferd an B um 1000 Mk. und sagt: das Pferd ist unter Brüdern 1000 Mk. werth, das ist ein Gaul für Dich; der Thierarzt hat erst gestern noch gesagt: Für diesen Prachtgaul sollte A mindestens 1100 Mk. bekommen.

Hier ist aus dem ganzen Verhalten des A die Täuschungsabsicht zu entnehmen.

§. 486.

Die Gewährfrist kann durch Vertrag verlängert oder abgekürzt werden. Die vereinbarte Frist tritt an die Stelle der gesetzlichen Frist.

E. I § 410; II § 421; III § 480. Mot. II S. 263, 264. P. II Bd. I S. 748.

1. Die Gewährfristen sind der Parteivereinbarung nicht entzogen, sie sind nicht absolut bestimmt, es können vielmehr die Parteien jederzeit statt der gesetzlichen

Frist eine andere vereinbaren, sei es eine längere oder kürzere.

2. Rechtsfolge der Abkürzung oder Verlängerung.

Die Abkürznng oder Verlängerung hat lediglich die Folge, daß die vereinbarte Frist an die Stelle der gesetzlichen Frist tritt. Im übrigen gelten alle sonstigen Bestimmungen über Gewährschaft, sofern nicht aus dem zwischen den Parteien geschlossenen Vertrag sich etwas Anderes ergiebt.

Es sind ja die Bestimmungen über Gewährschaft nicht absolutes, sondern dispositives Recht, d. h. im Wege des Vertrages kann jederzeit eine Abweichung von den gesetzlichen Bestimmungen erfolgen.

3. Der Vertrag, durch welchen die Gewährfristen verlängert oder verkürzt werden, ist formlos.

Es gelten die allgemeinen Grundsätze hinsichtlich dieses Vertrages. Der Vertrag ist also nichtig, wenn er gegen die guten Sitten verstößt (§ 138 BGB.), er ist anfechtbar, wenn er in Folge arglistiger Täuschung oder widerrechtlicher Drohung zu Stande kam (§ 123 BGB.)

§. 487.

Der Käufer kann nur Wandelung, nicht Minderung verlangen.

Die Wandelung kann auch in den Fällen der §§. 351 bis 353, insbesondere wenn das Thier geschlachtet ist, verlangt werden; an Stelle der Rückgewähr hat der Käufer den Werth des Thieres zu vergüten. Das Gleiche gilt in anderen Fällen, in denen der Käufer in Folge eines Umstandes, den er zu vertreten hat, insbesondere einer Ver-

fügung über das Thier, außer Stande ist, das Thier zurückzugewähren.

Ist vor der Vollziehung der Wandelung eine unwesentliche Verschlechterung des Thieres in Folge eines von dem Käufer zu vertretenden Umstandes eingetreten, so hat der Käufer die Werthminderung zu vergüten.

Nutzungen hat der Käufer nur insoweit zu ersetzen, als er sie gezogen hat.

E. I § 404; II § 422; III § 481. Mot. II S. 256 bis 259. P. II S. 739—744. D. S. 68.

I. Recht der Wandelung.

1. Der Käufer kann nur Rückgängigmachung des Kaufes (Wandelung) (§ 462 BGB.), **nicht** aber Herabsetzung des Kaufpreises (Minderung) verlangen.

Schadensersatz wegen Nichterfüllung kann der Käufer nur ausnahmsweise verlangen. Vergl. darüber § 488 Note 4.

Lieferung eines mangelfreien Thieres an Stelle des mangelhaften Thieres kann nur im Falle des § 491 verlangt werden. Vergl. darüber § 491 Anm.

2. Sind auf Gläubiger- oder Schuldnerseite Mehrere betheiligt, also mehrere Käufer oder Verkäufer, dann kann die Wandelung nur von Allen und gegen Alle verlangt werden.

Wenn dabei das Recht der Wandelung für einen aus irgend einem Grunde erlischt, dann erlischt es auch für die übrigen. (§§ 467 u. 356 BGB.)

3. Es ist nun möglich, daß der Käufer dem Verkäufer gegenüber zwar einen Hauptmangel des Thieres behauptet, ohne aber sich zu erklären, ob er Wandelung oder Schadensersatz verlangen, oder ob er auf dem Vertrag bestehen bleiben wolle.

a) In diesem Falle kann der Verkäufer die für ihn bestehende Rechtsungewißheit dadurch beseitigen, daß er einmal sich zur Wandelung erbietet, d. h. im Voraus sich mit der Rückgängigmachung des Vertrages einverstanden erklärt, und sodann den Käufer unter Bestimmung einer angemessenen Frist zur Erklärung darüber auffordert, ob er Wandelung verlange.

Verlangt der Käufer innerhalb der gesteckten Frist Wandelung, so ist damit die Wandelung vollzogen. Erklärt sich der Käufer innerhalb der Frist nicht, so kann er Wandelung wegen des Mangels, wegen dessen sie angeboten ist, nicht mehr verlangen. (§ 466 BGB.)

Nach Ablauf der Frist kann der Käufer, wenn der Verkäufer zugleich schadensersatzpflichtig ist, nur mehr Schadensersatz verlangen. Wegen eines andern Hauptmangels als wegen dessen die Wandelung angeboten war, kann der Käufer auch nach Ablauf der erwähnten Frist Wandelung verlangen.

b) Wesentliche Voraussetzung für die Anwendung des § 466 BGB. ist aber, daß der Käufer dem Verkäufer gegenüber einen Hauptmangel behauptet.

Es findet also § 466 keine Anwendung, wenn der Käufer irgend einem Dritten gegenüber den Hauptmangel behauptet, oder wenn der Verkäufer auf irgend eine Weise von dem dem Dritten gegenüber behaupteten oder wirklich vorhandenen Hauptmangel Kenntniß erhält. In diesem Falle kann der Verkäufer, selbst wenn er wandeln will, dem Käufer keine Frist setzen, da ein Behaupten eines Hauptmangels dem Verkäufer gegenüber nicht vorliegt.

4. Mit dem Vollzug der Wandelung treten die an die Wandelung sich knüpfenden Rechte und Pflichten der Parteien unmittelbar ein (es bedarf nicht eines auf den Eintritt dieser Folgen speziell gerichteten Rechtsgeschäftes oder eines den Eintritt dieser Folgen aussprechenden Urtheils), es treten aber nicht dingliche

Wirkungen ein, d. h. das Eigenthum an dem Thier z. B. fällt nicht ipso jure an den Verkäufer zurück, sondern der Käufer ist lediglich obligatorisch verpflichtet, das Eigenthum an dem Thier auf den Verkäufer zurückzuübertragen. Wann ist nun die Wandelung vollzogen?

II. Vollzug der Wandelung.

1. Das Recht des Käufers auf Wandelung charakterisirt sich als Anspruch des Käufers, kraft dessen er vom Verkäufer die Einwilligung in die Aufhebung des Kaufes verlangen kann, nicht als ein Recht des Käufers, durch einseitige Erklärung den Vertrag zur Aufhebung zu bringen.

Die Wandelung ist deshalb vollzogen, sobald der Verkäufer sich mit der von dem Käufer verlangten Wandelung einverstanden erklärt hat oder sobald er dazu rechtskräftig verurtheilt worden ist. (§ 465 BGB. u. § 894 RCPO.)

2. Klagenverbindung.

Die Klage auf Vollziehung der Wandelung (§ 465 BGB.) kann mit der Klage auf Erfüllung der aus der vollzogenen Wandelung sich ergebenden Ansprüche verbunden werden, d. h. beide Ansprüche können in einer Klage geltend gemacht werden.*)

3. Bis zu welchem Zeitpunkte kann der Käufer die von ihm erklärte Wahl ändern? (cf. oben I Ziffer 1.)

Die Frage ist zunächst negativ dahin zu beantworten, daß der Käufer seine Wahl nicht mehr ändern kann, wenn der Verkäufer sein Einverständniß mit der vom Käufer verlangten Wandelung erklärt hat. Der Käufer kann also dann nicht mehr auf dem Vertrag stehen bleiben oder Schadensersatz verlangen, wenn er zuerst Wandelung verlangt hat.

*) cf. Meisner Chr. a. a. O. S. 46.

Nun ist aber das Wahlrecht dem Käufer entzogen schon vor dem Zeitpunkte, in welchem der Verkäufer sein Einverständniß mit der Wandelung erklärt hat, d. h. der Käufer ist schon vorher gebunden. Die Sache ist nämlich die:

Das BGB. konstruirt den Anspruch auf Wandelung oder Schadensersatz als einen Vertragsantrag des Käufers an den Verkäufer, in die Aufhebung des Vertrages zu willigen oder in den gesetzlich bestimmten Fällen Schadensersatz nach Verlangen des Käufers zu leisten.

(cf. Endemann a. a. O. § 161 S. 721 Note 12 u. 13, Planck a. a. O. § 465 Note 1. Schneider a. a. O. S. 138).

Es finden also die Bestimmungen der §§ 145 ff. BGB. Anwendung.

a) Der Käufer ist an seinen Antrag, mit dem er Wandelung oder Schadensersatz von dem Verkäufer verlangt, gebunden, sobald der Antrag dem Verkäufer zugegangen ist, es sei denn, daß der Käufer die Gebundenheit ausgeschlossen hat. (cf. § 145 BGB.)

b) Der Antrag erlischt, d. h. die Bindung des Käufers hört auf

α) wenn der Verkäufer den Antrag des Käufers ablehnt (§ 146 BGB. und § 130 BGB.):

β) wenn der Verkäufer den Antrag des Käufers nicht rechtzeitig annimmt. (§ 146 BGB.)

In letzterer Hinsicht gilt Folgendes:

αα) Sind Käufer und Verkäufer anwesend oder mittels Telephon verbunden und verlangt Käufer z. B. Wandelung, so muß sich der Verkäufer sofort erklären, ob er in die verlangte Wandelung willigt oder nicht.

Erklärt er sich nicht, so ist der Käufer an seinen Antrag nicht mehr gebunden. (§ 147 Abs. 1 BGB.)

ββ) Sind Käufer und Verkäufer nicht beisammen, dann ist der Käufer an seinen Antrag nur so lange gebunden, als er den Eingang der Antwort des Verkäufers unter regelmäßigen Umständen erwarten darf. (§ 147 Abs. 2 BGB. und § 130 BGB.)

γγ) Hat der Käufer dem abwesenden Verkäufer für die Annahme des auf Wandelung oder Schadensersatz gerichteten Antrages eine Frist bestimmt, so kann die Annahme nur innerhalb der Frist erfolgen. (§ 148 BGB.)

Nach Fristablauf ist der Käufer nicht mehr gebunden.

δδ) Ueber die dem Antragenden verspätet zugegangene Annahmeerklärung des Verkäufers vergl. § 149 BGB.

4. Recht des rechtskräftig verurtheilten Verkäufers auf Rücknahme des Thieres.

Es ist denkbar, daß der Käufer, nachdem er eine rechtskräftige Verurtheilung des Käufers auf Erklärung des Einverständnisses mit der verlangten Wandelung erzielt hat, das Thier behalten will, z. B. weil das Thier nunmehr gesund oder im Preise wesentlich gestiegen ist.

Das braucht sich der Verkäufer nicht gefallen zu lassen, er hat ein Recht auf das Thier; denn mit der rechtskräftigen Verurtheilung ist ja sein Einverständniß mit der Wandelung gemäß § 465 BGB. erklärt und mit diesem Moment ist der Käufer gebunden. (cf. oben II Ziff. 3 Abs. 2 S. 81 und 82 und Scherer a. a. O. §§ 465, 466 Note 5 S. 544 ff.)

III. **Zulässigkeit der Wandelung (nicht Minderung), auch wenn der Käufer das Thier nicht zurückgeben kann.**

In gewissen Fällen (§§ 467, 351—353 BGB.) ist die Wandelung ausgeschlossen.

Für die Viehgewährschaft gelten jedoch diese Bestimmungen nicht, d. h. der Käufer kann selbst in den Fällen der §§ 351—353 BGB. Wandelung verlangen, also in Fällen, in welchen dem Käufer die Rückgabe des Thieres unmöglich, oder in welchen die Rückgabe nur in verschlechtertem Zustande möglich ist.

Minderung kann bei der Viehgewährschaft nicht verlangt werden.

1. Die Wandelung kann verlangt werden, auch wenn das Thier beim Käufer durch Zufall untergegangen

oder durch Zufall wesentlich verschlechtert worden ist. (§ 350 u. § 467 BGB.)

Darüber, welcher Theil die Gefahr trägt, ob Käufer oder Verkäufer, vgl. unten IV Note 1 a.

Uebrigens kann die Anwendung des § 350 BGB. einfach dadurch ausgeschlossen werden, daß die Parteien vereinbaren, die Wandelung solle nur dann gestattet sein, wenn die Rückgewähr des betr. Thieres in unversehrtem Zustande möglich ist.

2. Die Wandelung kann auch verlangt werden, wenn der Berechtigte, d. h. der Käufer, eine wesentliche Verschlechterung, den Untergang oder die anderweitige Unmöglichkeit der Herausgabe des Thieres (vorsätzlich oder fahrlässig) verschuldet hat. (§§ 351, 276 u. 487 Abs. 2 u. 3 BGB.)

Dem eigenen Verschulden des Käufers steht das des gesetzlichen Vertreters und der Personen gleich, deren er sich zur Erfüllung seiner Verbindlichkeiten bedient. Zu der Verpflichtung des § 278 BGB. gehört auch die Verpflichtung, das Thier vor Verschlechterung und Untergang zu bewahren. Es haftet also der Verpflichtete gemäß § 278 l. c. für das Verschulden einer Person, deren er sich zur Erfüllung dieser Verwahrungsverpflichtung bedient.

Eine solche Person ist einmal diejenige, welche der Verpflichtete mit dieser Bewahrung beauftragt, z. B. der Dienstbote, sodann jede, welcher der Verpflichtete durch ein, wenn auch zunächst auf einen andern Zweck gerichtetes Rechtsgeschäft, z. B. durch Miethvertrag oder Leihvertrag, die Verwahrung anvertraut.

Das Verschulden des Dienstboten, des Gehilfen, des Miethers rc. steht also dem eigenen Verschulden des Käufers gleich. In all' diesen Fällen kann Wandelung verlangt werden. (§ 351 Satz 2 u. § 278 BGB.)

3. Die Wandelung kann auch verlangt werden, wenn eine unwesentliche Verschlechterung in Folge eines

vom Käufer zu vertretenden Umstandes eingetreten ist, z. B. wenn der Käufer dem Pferde den Schwanz gestutzt hat. (§ 487 Abs. 3 BGB.)

4. Die Wandelung kann ferner verlangt werden, wenn der Käufer das Thier geschlachtet und den Mangel erst am geschlachteten Thiere gefunden oder wenn er das zur Zucht bestimmte Thier kastriert hat.*) (§ 487 Abs. 2 BGB.)

5. Die Wandelung kann endlich verlangt werden in allen Fällen, in welchen der Käufer in Folge eines Umstandes, den er zu vertreten hat, insbesondere einer Verfügung über das Thier, außer Stande ist, das Thier zurückzugewähren. (§ 487 Abs. 2 BGB.)

Die Wandelung kann also auch dann verlangt werden, wenn der Käufer das Thier weiter verkauft oder wenn er es verpfändet hat und zwar auch dann, wenn der Verkauf oder die Verpfändung nach Entdeckung des Mangels oder erst nach Erstattung der Mängelanzeige oder nach Erhebung der Wandelungsklage erfolgt ist**) oder wenn dem Käufer das Thier im Wege der Zwangsvollstreckung gepfändet wurde.

IV. Pflichten des Käufers nach Vollzug der Wandelung.

Wenn noch von keiner Seite erfüllt ist, also Verkäufer das Thier nicht geliefert, Käufer den Kaufpreis nicht bezahlt hat, dann ist mit Erzielung des auf Aufhebung des Vertrages gerichteten Einverständnisses der Vertrag aufgehoben, d. h. der Verkäufer braucht das Thier nicht zu liefern und der Käufer den Kaufpreis nicht zu bezahlen.

Ist aber von der einen oder anderen Seite oder von beiden Theilen bereits erfüllt, dann ist mit der Erklärung

*) cf. Meisner Chr. a. a. O. S. 65.

**) cf. Meisner Chr. a. a. O. S. 65. A. M. Dieckerhoff a. a. O. S. 97.

des Einverständnisses der Vertrag zwar auch aufgehoben, allein zwischen Käufer und Verkäufer entsteht ein neues Schuldverhältniß, das auf Wiederherstellung des vor Abschluß des Kaufvertrages vorhandenen Zustandes durch Rückleistung Zug um Zug gerichtet ist.

(Schollmeyer, a. a. O. S. 16 u. 17.)

In diesem letzteren Falle gilt Folgendes:

1. Der Käufer muß das Thier dem Verkäufer zurückgeben.

(§§ 467, 346 Satz 1 BGB.)

Nun ist die Möglichkeit vorhanden, daß der Käufer das Thier nicht mehr zurückgeben kann, weil er es nicht mehr hat oder weil dasselbe wesentlich verschlechtert ist.

Hier sind verschiedene Fälle denkbar:

a) Der Käufer kann das Thier deshalb nicht zurückgeben, weil dasselbe schon vor Vollziehung der Wandelung durch Zufall untergegangen oder durch Zufall wesentlich verschlechtert ist.

(cf. oben III, 1.)

In diesem Falle trägt der Verkäufer den casus interitus und deteriorationis d. h. der Käufer braucht für das untergegangene oder wesentlich verschlechterte Thier dem Verkäufer keinen Ersatz zu leisten, während dagegen der Verkäufer, obwohl er Nichts bekommt, dem Käufer dennoch den Kaufpreis nebst Zinsen herausgeben muß.

(§§ 350 u. 467, 275 ff. BGB.)

α) Der Käufer muß jedoch das, was er von dem vielleicht nicht ganz untergegangenen Thiere noch hat, z. B. die Haut, die Hörner einer Kuh, dem Verkäufer herausgeben.

(§ 346 BGB. Mot. II S. 281.)

β) Er muß ferner das herausgeben, was gerade infolge des zufälligen Umstandes, welcher ihm die Rückgabe unmöglich macht, in sein Vermögen gelangt ist; wenn also der Käufer für das untergegangene oder wesentlich verschlechterte Thier einen Ersatz oder einen Ersatzanspruch erlangt, so kann der Verkäufer Herausgabe des als Ersatz Empfangenen oder Abtretung des Ersatzanspruches verlangen.

(§ 281 u. § 898 BGB.)

Z. B. der Käufer, der von einer Versicherungsgesellschaft für das gefallene Thier die Versicherungssumme erhalten hat, muß diese dem Verkäufer herausgeben oder, wenn der Käufer die Versicherungssumme noch nicht erhalten hat, dann muß er den ihm gegen die Versicherungsgesellschaft zustehenden Anspruch auf die Versicherungssumme dem Verkäufer des Thieres abtreten.

b) Der Käufer kann das Thier deshalb nicht zurückgeben, weil schon vor Vollziehung der Wandelung eine wesentliche Verschlechterung, der Untergang oder die anderweitige Unmöglichkeit der Herausgabe des Thieres in Folge eines von dem Käufer zu vertretenden Umstandes eingetreten ist oder weil der Käufer das Thier geschlachtet oder weil er rechtlich darüber verfügt hat. (Vergl. oben III Ziff. 2—4.)

In diesen Fällen sub b muß der Käufer dem Verkäufer den Werth des Thieres ersetzen. (§ 487 Abs. 2 BGB.)

Es ist zu beachten, daß in den Fällen der §§ 351—353 BGB., wo gemäß § 487 Abs. 2 BGB. Wandelung verlangt werden kann, obwohl das Thier nicht mehr oder nur wesentlich verschlechtert vorhanden ist, nach Vollzug der Wandelung nur der Werth des Thieres von dem Käufer dem Verkäufer zu ersetzen ist. Voraussetzung ist also, daß das Thier schon vor Vollzug der Wandelung nicht mehr oder nur wesentlich verschlechtert vorhanden ist. Es ist also nicht Schadensersatz gemäß § 347 BGB. zu leisten, sondern nur der Werth des Thieres zu ersetzen.

(cf. auch unten unter c.)

Zeitpunkt, welcher für die Werthbemessung maßgebend ist.*)

Der Werth des Thieres ist zu ersetzen, welchen dasselbe in dem Moment hatte, als die Gefahr auf den Käufer überging.

α) Dieses Prinzip erleidet nur eine Modifikation:

Ist nach der Uebergabe das Thier **zufällig** unwesentlich verschlechtert worden — cf. unten IV 2 b

---

*) Diese Frage ist sehr bestritten:

a) Nach Planck a. a. O. § 487 Note 2 a, Kuhlenbeck BGB. § 487 Note 3, Oertmann a. a. O. § 487 Note 2 S. 209, Mainhard a. a. O. S. 19, Meisner, Chr. §§ 467, 487 S. 69 u. 70 soll der Werth zu vergüten sein, welchen das Thier im Momente des Vollzuges der Wandelung haben würde, wenn der vom Käufer zu vertretende Umstand, durch welchen die Rückgabe ausgeschlossen ist, nicht eingetreten wäre.

Ich kann dieser Ansicht nicht beipflichten und zwar u. A. auch aus folgendem Grunde:

Zum Nachtheile des Verkäufers würde die Werthminderung des Thieres nicht berücksichtigt, welche eine unwesentliche und vom Käufer zu vertretende ist.

Beispiel:

A verkauft am 1. Februar 1900 an B gegen Baarzahlung ein Pferd um 1000 Mk. Am 3. Februar läßt B dem Pferde den Schwanz stutzen, was eine unwesentliche Verschlechterung des Thieres und eine Werthminderung von 100 Mk. bedeutet.

Am 10. Februar zeigt sich beim Pferd Dämpfigkeit. In Folge dieses Hauptmangels hat das Pferd zur Zeit des Gefahrüberganges nur mehr einen Werth von 600 Mk., den es auch am 12. Februar noch hätte, wenn nicht der Schwanz gestutzt worden wäre. Am 11. Februar reitet B das Pferd krumm und lahm.

S. 94 — und ist erst dann in Folge eines vom Käufer zu vertretenden Umstandes die Unmöglichkeit der Rückgabe des Thieres eingetreten, so hat der Käufer den Werth des Thieres zur Zeit des Gefahrüberganges zu ersetzen abzüglich des in Folge der zufälligen unwesentlichen Verschlechterung eingetretenen Minderwerthes.

Am 12. Februar erklärt sich A mit der von B verlangten Wandelung einverstanden.

Wir haben also:

1. Kaufpreis	1000 Mk.
2. Werth des Pferdes mit dem Hauptmangel	600 Mk.
3. Werth des Pferdes in Folge des Schwanzstutzens	500 Mk.

Nach der Ansicht von Planck u. A. hat B den Werth zu ersetzen, welchen das Pferd am 12. Februar gehabt hätte, wenn B dasselbe nicht krumm und lahm geritten hätte.

Am 12. Februar hätte aber das Pferd einen Werth von 500 Mk. gehabt, es müßte also A von dem Kaufpreis zu 1000 Mk. den Betrag von 500 Mk. an B herauszahlen, mit anderen Worten: A würde für die von B zu vertretende unwesentliche Verschlechterung Nichts erhalten, während doch nach dem Prinzip der Wandelung der Zustand wiederhergestellt werden soll, wenn der Vertrag überhaupt nicht geschlossen worden wäre. Das letztere wäre aber nur dann der Fall, wenn der Verkäufer den zur Zeit des Gefahrüberganges maßgebenden Werth erhalten würde, d. h. wenn B dem A 600 Mk. vergüten oder was dasselbe ist, wenn A dem B nur 400 Mk. zurückzahlen müßte.

Man kann nicht sagen: Ja, nach § 487 Abs. III ist eben diese Werthminderung extra zu vergüten, denn § 487 Abs. III hat zur Voraussetzung, daß die Rückgabe des Thieres noch möglich ist und nur für diesen Fall

Denn gemäß § 487 Abs. 3 BGB. hat der Käufer für die unwesentliche Verschlechterung nur dann zu haften, wenn sie in Folge eines von ihm zu vertretenden Umstandes eingetreten ist, nicht aber dann, wenn sie eine rein zufällige, nicht vom Käufer zu vertretende ist.

Beispiel: A verkauft am 1. Februar 1900 gegen Baarzahlung ein Pferd um 1000 Mk. Am 8. Februar erleidet das Thier durch einen herabfallenden Eiszapfen am Ohr eine unwesentliche Verletzung, welche aber doch einen Minderwerth von 50 Mk. zur Folge hat. Am 10. Februar zeigt sich Dämpfigkeit und es ist das Thier zur Zeit des Gefahrüberganges nur mehr 600 Mk. werth. Es kommt zur Wandelung.

B muß nun dem A nicht 600 Mk. ersetzen, sondern nur 550 Mk. oder was dasselbe ist, A muß dem B 450 Mk. herauszahlen, da A die zufällige Verschlechterung selbst tragen muß.

---

ist die Bestimmung bezüglich des Ersatzes der Werthminderung getroffen; es kann also § 487 Abs. III gar nicht angezogen werden.

b) Schneider a. a. O. S. 14 ff. führt aus, daß als „Werth des Thieres" „derjenige zu Geld zu rechnende Werthbetrag zu bezeichnen ist, den nach Eintritt des die Rückgabe des Thieres selbst abschneidenden, vom Käufer zu vertretenden Umstandes der Besitz des Thieres oder seiner Ueberbleibsel im Vermögen des Käufers oder eines seiner Nachmänner bildet."

Daß dieser Werth in vielen Fällen nicht maßgebend sein kann, giebt Schneider selbst zu, denn da müßte der Verkäufer in vielen Fällen ja Nichts vergüten, weil das Thier überhaupt Nichts mehr werth ist.

Als spätester Zeitpunkt für die Werthbemessung soll in Betracht kommen die Vollziehung der Wandelung oder der Prozeßbeginn, als frühester außer dem obenbezeichneten Zeitpunkt der Augenblick, der unmittelbar β) Gründe für meine Ansicht:

Einmal haftet der Verkäufer dafür, daß zur Zeit des Gefahrüberganges das Thier nicht mit Hauptmängeln behaftet ist. Das Gesetz nimmt ohne Weiteres an, daß die Hauptmängel solche Fehler sind, welche den

---

vor dem verschuldeten, die Rückgabe unmöglich machenden Ereignisse liegt. (S. 149 u. 150).

Ein Verschulden soll aber dann vorliegen, wenn der Käufer z. B. nach Feststellung eines Hauptmangels, nach Anzeige an den Verkäufer, nach Angebot der Wandelung sich sagen mußte, daß es zur Rückgängigmachung des Kaufs kommen werde und wenn er trotzdem sich in die Unmöglichkeit versetzt hat, das Thier herauszugeben.

Der Begriff des Verschuldens kann m. E. für den Zeitpunkt der Werthbemessung überhaupt nicht verwerthet werden, denn, wie Schneider a. a. O. S. 96 Note 86 ganz richtig bemerkt, ist unter einem „zu vertretenden Umstande" im Sinne des § 487 Abs. 2 u. 3 des BGB. ein auf die freie Entschließung des Käufers zurückzuführendes Ereigniß zu verstehen, nicht aber ein Verschulden des Käufers. (Auch Chr. Meisner a. a. O. S. 70 billigt diese Ansicht nicht.)

c) Dieckerhoff a. a. O. S. 95 erklärt:

„Es ist der Werth festzustellen, welchen das mangelhafte Thier für die gewöhnliche oder ausdrücklich bedungene Nutzung unmittelbar vor dem Zeitpunkte gehabt hat, in welchem die fahrlässig oder absichtlich herbeigeführte Verschlechterung oder der dem Käufer zur Last fallende Untergang des Thieres eingetreten ist."

Auch diese Ansicht kann ich aus dem unter a angeführten Grunde nicht billigen.

d) Nach Paul Rein S. 24 soll der Käufer den Werth vergüten müssen, welchen das Thier zu der Zeit hatte, in welcher er die die Unmöglichkeit der Herausgabe verursachende Handlung vorgenommen hat.

Werth oder die Tauglichkeit des Thieres aufheben oder mindern. (cf. oben § 482 I.)

Das Gesetz unterstellt also, daß ein zur Zeit des Gefahrüberganges nicht mit einem Hauptmangel behaftetes Thier den vom Verkäufer bezeichneten Werth, der im Kaufpreis zum Ausdruck kommt, habe oder was dasselbe ist, daß ein zur Zeit des Gefahrüberganges mit einem Hauptmangel behaftetes Thier den genannten Werth nicht habe.

Schon der Gesichtspunkt allein, daß für den Gesetzgeber bei Bestimmung der Hauptmängel die zur Zeit des Gefahrüberganges vorhandene Werthminderung maßgebend war, deutet darauf hin, daß für die Werthbemessung des Thieres im Falle der Wandelung auch der Zeitpunkt des Gefahrüberganges maßgebend sein soll.

Sodann halte ich für meine Auffassung Folgendes von Wichtigkeit:

Nach dem Prinzip der Wandelung soll beiderseits nach dem Vollzug der Wandelung der Zustand hergestellt werden, der bestehen würde, wenn der Vertrag nicht geschlossen wäre.

(cf. §§ 346 ff., 467 und Planck a. a. O. 2. Buch 5. Titel Vorbem.-Note 2b.)

Diesem Prinzip wird m. E. eher entsprochen, wenn für die Werthbestimmung der Zeitpunkt des Gefahrüberganges maßgebend ist. Denn wenn letzterer Zeitpunkt nicht entscheidet, so könnten die Interessen des Verkäufers sehr gefährdet werden und zwar aus folgenden Gründen:

Der Verkäufer besitzt das Thier nicht mehr, es ist seiner Einwirkung entzogen, er hat keinen Einfluß auf Behandlung, Pflege 2c. des Thieres; wie leicht und rasch ist ein Thier verschlechtert und zwar in Folge unrichtiger Behandlung des Käufers, ohne daß sich der Nachweis erbringen läßt, daß die Verschlechterung auf einen vom Käufer zu vertretenden Umstand zurückzuführen ist.

In diesem Falle muß auch der Verkäufer geschützt werden und das ist nur möglich, wenn man meiner Ansicht zustimmt.

Sache des Käufers ist es, den Nachweis zu liefern, daß eine etwa eingetretene unwesentliche Verschlechterung, nicht von ihm zu vertreten, daß sie eine zufällige ist, für die er nicht zu haften hat; er wird dann diesen Beweis um so leichter führen können, je sorgfältiger er das Thier behandelt und gepflegt hat; es wird dieser Umstand auch Veranlassung für den Käufer sein, dem Thier eine möglichst sorgfältige Pflege angedeihen zu lassen.

Meine Auffassung hat auch den Vorzug der Einfachheit, da sich der Werth des Thieres zur Zeit des Gefahrüberganges viel leichter und unparteiischer feststellen läßt als später.

c) Ist nach Vollziehung der Wandelung in Folge eines Verschuldens des Käufers eine wesentliche Verschlechterung, der Untergang oder eine aus einem andern Grunde, z. B. in Folge Zufalls, sich ergebende Unmöglichkeit der Herausgabe des Thieres eingetreten, dann hat der Käufer dem Verkäufer das volle Interesse zu leisten nach Maßgabe der Bestimmungen der §§ 249 ff. und zwar von dem Empfang des Thieres an. (§ 347, §§ 989 ff. u. § 467 BGB.)

Es ist ausdrücklich zu beachten, daß — im Gegensatz zu den Fällen sub IV 1 a u. b, in welchen das Thier nicht mehr oder nur wesentlich verschlechtert vorhanden war — im Falle c das Thier vor Vollziehung der Wandelung noch vorhanden war, während es in den Fällen sub IV 1 a u. b schon vor Vollziehung der Wandelung nicht mehr oder nur wesentlich verschlechtert vorhanden war.

2. Rückgabe des Thieres und Ersatz der Werthminderung.

a) Wenn vor der Vollziehung der Wandelung eine unwesentliche Verschlechterung des Thieres in Folge eines von dem Käufer zu vertretenden Umstandes eingetreten ist, dann hat der Käufer nach Vollziehung der Wandelung das Thier zurückzugeben und außerdem die durch die unwesentliche Verschlechterung verursachte Werthminderung zu vergüten.

b) Ist die vor der Vollziehung der Wandelung eingetretene unwesentliche Verschlechterung des Thieres nicht auf einen von dem Käufer zu vertretenden Umstand zurückzuführen, sondern auf einen zufälligen Umstand, z. B. es wird das Pferd durch einen vom Dach herabfallenden Eisklumpen am Ohr verletzt, so hat der Käufer nach Vollziehung der Wandelung das Thier zurückzugeben.

Eine Werthminderung braucht der Käufer nicht zu ersetzen. (Argum. aus § 487 Abs. 3 BGB.)

c) Hat dagegen die unwesentliche Verschlechterung nach Vollziehung der Wandelung stattgefunden, dann hat der Käufer das Thier zurückzugeben, außerdem aber dem Verkäufer nicht bloß die Werthminderung, sondern das volle Interesse zu ersetzen. (§ 487 Abs. III BGB.)

3. Ersatz der Nutzungen.

Nutzungen hat der Käufer nur insoweit zu ersetzen, als er sie wirklich gezogen hat. Es ist also der Käufer zur Nutzung nicht verpflichtet und er kann deshalb zur Ersatzleistung für nicht gezogene Nutzungen nicht herangezogen werden. (§ 487 Abs. 4 BGB.)

Verpflichtet zur Nutzung ist der Käufer nur soweit die Nutzung zur ordnungsgemäßen Aufbewahrung und Behandlung des Thieres gehört, wie z. B. bei einer Kuh das regelmäßige Melken derselben.

Nutzungen sind die Früchte einer Sache oder eines Rechtes sowie die Vortheile, welche der Gebrauch der Sache oder des Rechtes gewährt. (§ 100 BGB.)

a) Früchte sind die Erzeugnisse der Sache und die sonstige Ausbeute, welche aus der Sache ihrer Bestimmung gemäß gewonnen wird. (§ 99 BGB.)

Die Früchte sind zweierlei Art:*)

α) Natürliche Früchte, d. h. solche, welche man aus der fruchttragenden Sache vermöge körperlicher Ausbeutung gewinnt, z. B. bei allen Thieren die

*) Vergl. Cosack, Lehrbuch des deutschen bürgerlichen Rechts Bd. I Abth. 1, Jena 1897, § 42 S. 128.

Jungen, der Dünger, bei der Kuh die Milch, beim Schaf die Wolle.

β) Rechtsfrüchte, d. h. solche, die man aus der fruchttragenden Sache vermöge eines Rechtsverhältnisses gewinnt. Man denke z. B. an die Einnahme, welche der Lohnkutscher dadurch erzielt, daß er das gekaufte Pferd zum Lohnfuhrwerk verwendet, man denke an die Einnahmen des Pferdeverleihers, der das gekaufte Pferd zum Reiten ausleiht.

b) Die Vortheile, welche der Gebrauch des Thieres gewährte, hat der Käufer ebenfalls zu ersetzen.

Die Vortheile können der mannigfachsten Art sein. Z. B. der Bauer benützte das gekaufte Pferd, die gekaufte Kuh in seinem landwirthschaftlichen Betrieb zu landwirthschaftlichen Arbeiten, der Kaufmann das gekaufte Pferd zu Geschäftsreisen, der Offizier das Pferd zum Reiten.

Zu ersetzen ist der Werth der gezogenen Nutzungen. Dabei ist aber zu beachten, daß der Käufer gemäß § 488 BGB. verschiedene Abzüge für Fütterung und Pflege ꝛc. machen darf. Vergl. darüber unten § 488 Note 2—4.

V. Rückgewähr Zug um Zug.

1. Nach Vollzug der Wandelung sind vom Käufer und dem Verkäufer dir beiderseitigen Leistungen Zug um Zug zurückzugewähren, d. h. wechselseitig zu gleicher Zeit. (§ 348 u. § 467 BGB.)

Die Folge ist die, daß jeder Theil die ihm obliegende Leistung bis zur Bewirkung der Gegenleistung verweigern kann, sofern er nicht vorzuleisten verpflichtet ist. (§ 320 Abs. 1 Satz 1 BGB., vergl. auch RCPO. § 756.)

Der Käufer ist also zur Herausgabe des Thieres oder zu der diese ersetzenden Leistung verpflichtet, auch wenn der Käufer nicht vorgeleistet, auch wenn derselbe nicht seine Bereitwilligkeit zur Leistung erklärt, auch wenn derselbe nicht die Leistung angeboten hat. Der Käufer braucht aber seine Leistung nur dann zu bewirken, wenn der Verkäufer gleichzeitig die ihm obliegende Leistung bewirkt.

Diese Verpflichtung und Befugniß des Käufers bezw. Verkäufers endigen auch nicht durch die mora accipiendi des einen Theiles (§ 298 BGB.), jeder Theil ist zur Leistung nur dann verpflichtet, wenn der andere Theil gleichzeitig leistet. (Mot. II S. 201.)

2. Wenn der Verkäufer seine Leistungen (Kaufpreis mit Zinsen 2c.) zum größten Theile bewirkt hat und nur mehr mit einem verhältnißmäßig geringfügigen Theil in Rückstand ist, dann kann der Käufer die Rückgabe des Thieres nicht mehr verweigern, wenn dies gegen Treu und Glauben im Verkehr verstoßen würde.

(§ 320 Abs. 2 BGB.)

3. Wenn ein Theil auf die ihm geschuldete Leistung Klage erhebt, z. B. in dem Fall, wenn der Verkäufer sich mit der Wandelung zwar einverstanden erklärt hat, später aber die Rückzahlung des Kaufpreises verweigert, und wenn nun der Käufer auf Rückzahlung klagt, dann kann der Beklagte die Einrede bringen, daß der Gegner noch nicht geleistet habe und daß er nur gegen Bewirkung der Gegenleistung zu leisten verpflichtet sei. Dies hat aber nur die Wirkung, daß Beklagter zur Erfüllung Zug um Zug verurtheilt wird.

(§ 322 Abs. 1 BGB.)

4. Hat ein Theil vorzuleisten und es befindet sich der andere Theil in Annahmeverzug (§§ 293 ff. BGB.), dann kann der nicht säumige Theil gegen den andern Theil Klage dahin erheben, daß derselbe verurtheilt werde, die ihm obliegende Leistung nach Empfang der ihm von dem nicht säumigen Theil gebührenden Leistung zu bewirken.

(§ 322 Abs. 2 BGB.)

Hat eine Verurtheilung im Sinne des § 322 Abs. 1 oder Abs. 2 BGB. stattgefunden, dann kann der Kläger, wenn und solange der Beklagte und Verurtheilte im Annahmeverzug sich befindet, den Verurtheilten zur Bewirkung der diesem obliegenden Leistung im Wege der Zwangsvollstreckung anhalten, ohne daß der Kläger verpflichtet wäre, seinerseits vorher oder gleichzeitig zu leisten.

(§ 322 Abs. 3 u. § 274 Abs. 2 BGB.)

VI. Verzug des Käufers in der Rückgabe des Thieres.

1. Wenn nach Vollzug der Wandelung (§ 465), wenn also der Kaufvertrag bereits aufgehoben ist, der Käufer mit der Rückgewährung des Thieres in Verzug kommt, dann kann der Verkäufer dem Käufer nach dem Eintritt des Verzuges eine angemessene Frist bestimmen unter gleichzeitiger Abgabe der Erklärung, daß er nach Ablauf der Frist die Annahme des Thieres ablehne.

Die bereits erfolgte Wandelung wird unwirksam, wenn die Rückgewähr vor dem Ablaufe der von dem Verkäufer gesetzten Frist nicht erfolgt.

(§§ 354 u. 467 BGB.)

Es kann nach Ablauf der Frist der Käufer nicht etwa (wenn überhaupt zulässig) Schadensersatz verlangen, da er mit dem Vollzug der Wandelung ja gebunden ist.

2. Wann kommt der Käufer in Verzug?

An sich muß der Käufer das Thier nebst dem Werth der Nutzungen sofort nach Vollzug der Wandelung zurückgeben, damit werden die beiderseitigen Leistungen fällig.

a) Damit nun der Käufer mit der Rückgewähr des Thieres in Verzug kommt, ist außer Fälligkeit der Leistung (d. i. Vollzug der Wandelung § 465 BGB.) erforderlich, daß der Verkäufer den Käufer gemahnt, d. h. zur Zurückgabe des Thieres aufgefordert hat (§ 284 BGB.), die Mahnung ist formlos und wirkt, wenn sie dem Käufer gegenüber nicht persönlich abgegeben wird, erst von dem Zeitpunkt ab, in welchem sie ihm zugeht, so daß er die Möglichkeit der Kenntnißnahme hat, sofern dem Käufer nicht vorher oder gleichzeitig ein Widerruf des Verkäufers zuging.

Ueber die näheren Modalitäten vergl. §§ 130 u. 131 BGB.

b) Die Mahnung gilt als zugegangen auch dann, wenn sie durch Vermittelung eines Gerichtsvollziehers zugestellt worden ist. Als Zeitpunkt des Empfanges gilt die Vollendung der Zustellung, also Uebergabe der Schriftstücke an den Zustellungsempfänger, bei Ersatzzustellungen Uebergabe an die Ersatzperson, Hinterlegung, Zurücklassung.

(§ 132 Abs. 1 BGB.)

c) Der Mahnung steht gleich die Erhebung der Klage auf Verurtheilung zur Leistung. Erhebung der Feststellungsklage enthält keine Mahnung.

Eine bloß eventuelle oder bedingte Mahnung ist unwirksam.

d) Der Verzug tritt aber nicht unmittelbar mit der Mahnung oder Klageerhebung ein, sondern erst mit Ablauf des Zeitraumes, der dem Käufer zur Bewirkung der Leistung offen gelassen werden muß.

Wenn nun der Käufer nach Ablauf dieses letztern Zeitraumes noch nicht leistet, dann kann der Verkäufer gemäß § 354 BGB. vorgehen.

e) Einer Mahnung bedarf es nicht, d. h. der Käufer kommt ohne solche in Verzug, wenn für die Rückgewähr eine Zeit kalendermäßig bestimmt ist und der Käufer zu dieser Zeit das Thier nicht zurückgiebt.

(§ 284 Abs. 2 BGB.)

3. Solange der Käufer mit der Rückgabe des Thieres nicht in Verzug ist, solange haftet er in dem Umfange wie sub IV angegeben ist.

Kommt jedoch der Käufer mit der Rückgewähr des Thieres in Verzug, dann steigert sich seine Haftung:

a) Der Verkäufer kann von dem Käufer Ersatz des durch den Verzug entstehenden Schadens verlangen. (§§ 286 u. 249 ff. BGB.)

b) Der Käufer hat nunmehr auch für casus interitus und deteriorationis einzustehen. (§ 287 BGB.)

Der Verkäufer kann den ihm in Folge der Werthminderung des Thieres erwachsenen Schaden ersetzt verlangen, wenn er beweist, daß nach Eintritt des Verzuges eine Werthminderung eingetreten ist und daß er bei rechtzeitiger Leistung vor Eintritt dieser Werthminderung verkauft haben würde.

Es kann der Verkäufer natürlich auch Ersatz für Gewinnentgang fordern. (§ 252 BGB.)

Von dieser Haftung für Zufall während des Verzuges in der Rückgabe des Thieres kann sich der Käufer nur dadurch befreien, daß er dem Verkäufer die Einrede bringt und auch beweist: Der durch den Zufall entstandene Schaden wäre auch im Falle rechtzeitiger Leistung entstanden, sei es, daß derselbe oder auch ein anderer Zufall das Thier bei dem Gläubiger, d. h. dem Verkäufer betroffen hätte.

Ist jedoch der Schadensersatzanspruch des Verkäufers bereits entstanden und es tritt dann ein Zufall ein, welcher das Thier bei dem Verkäufer (Gläubiger) betroffen hätte, wenn es nicht schon vorher untergegangen wäre, so kann sich der Käufer auf diesen Fall nicht berufen, der bereits entstandene Ersatzanspruch des Gläubigers d. h. des Verkäufers bleibt unberührt.

(§ 287 Satz 2 BGB. Mot. II S. 64—65.)

Zu §. 487.

§. 469.

Sind von mehreren verkauften Sachen nur einzelne mangelhaft, so kann nur in Ansehung dieser Wandelung verlangt werden, auch wenn ein Ge-

sammtpreis für alle Sachen festgesetzt ist. Sind jedoch die Sachen als zusammengehörend verkauft, so kann jeder Theil verlangen, daß die Wandelung auf alle Sachen erstreckt wird, wenn die mangelhaften Sachen nicht ohne Nachtheil für ihn von den übrigen getrennt werden können.

E. I § 389; II § 405; III § 463. Mot. II S. 235, 236. P. II Bd. I S. 693, 694.

§. 471.

Findet im Falle des Verkaufs mehrerer Sachen für einen Gesammtpreis die Wandelung nur in Ansehung einzelner Sachen statt, so ist der Gesammtpreis in dem Verhältnisse herabzusetzen, in welchem zur Zeit des Verkaufs der Gesammtwerth der Sachen in mangelfreiem Zustande zu dem Werthe der von der Wandelung nicht betroffenen Sachen gestanden haben würde.

E. I § 391; II § 407; III § 465. Mot. Bd. II S. 236. P. II Bd. I S. 694.

1. Wenn mehrere Thiere nicht als zusammengehörig verkauft sind, und es ist nur ein einzelnes Thier mangelhaft, dann kann nur bezüglich des mangelhaften Thieres Wandelung verlangt werden, auch wenn für alle Thiere ein Gesammtpreis vereinbart wurde. (§ 469 Satz 1 BGB.)

a) Dies gilt auch dann, wenn bei einem von mehreren veräußerten Thieren sich innerhalb der Gewährfrist eine anstecken de Krankheit gezeigt hat. Es kann also in diesem Falle nicht die Aufhebung des ganzen Vertrages verlangt werden, sondern nur bezüglich des mangelhaften Thieres.

b) Wenn Mutterthiere mit ihren Jungen veräußert werden und es zeigt sich innerhalb der Gewährfrist bei dem Mutterthiere oder dem Jungen ein Gewährsmangel, so kann nur bezüglich des einzelnen Thieres Wandelung verlangt werden, es sei denn, daß Mutterthier und Junges als zusammengehörig veräußert wurden und eine Trennung ohne Nachtheil nicht möglich ist. (§ 469 Satz 2 BGB.)

Ist in diesen Fällen sub 1 ein Gesammtpreis vereinbart und es findet die Wandelung nur statt in Ansehung der fehlerhaften Thiere, dann ist der Gesammtpreis herabzusetzen in dem Verhältnisse, in welchem zur Zeit des Verkaufs der Gesammtwerth der Thiere in mangelfreiem Zustande zu dem Werthe der von der Wandelung nicht betroffenen Thiere gestanden haben würde. (§ 471 BGB.) (cf. auch § 473 BGB.)

Beispiel:

Gesammtpreis = 4200 Mk., herabgeminderter Preis = x, Gesammtwerth = 3600 Mk., Werth der nicht von der Wandelung betroffenen Thiere = 3000 Mk.

4200 : x = 3600 : 3000 x = 3500 Mk.

Der Gesammtpreis ist also mit 3500 Mk. festzusetzen, sohin um 700 Mk. herabzusetzen: 4200—3500 = 700 Mk.

2. Wurden jedoch die Thiere nach Absicht der Parteien als zusammengehörig verkauft z. B. als Paare, als Viergespann, als Züge, als Herde, so kann, auch wenn ein Gesammtpreis nicht vereinbart ist, jeder Theil verlangen, daß die Wandelung auf alle Thiere erstreckt werde, wenn die mangelhaften Thiere nicht ohne Nachtheil für ihn von den übrigen getrennt werden können. Letzteres ist Thatfrage. (§ 469 Satz 2 BGB.)

§. 488.

Der Verkäufer hat im Falle der Wandelung dem Käufer auch die Kosten der Fütterung und Pflege

die Kosten der thierärztlichen Untersuchung und Behandlung sowie die Kosten der nothwendig gewordenen Tödtung und Wegschaffung des Thieres zu ersetzen.

E. I § 405; II § 423; III § 482. M. II S. 259 bis 261. P. II Bd. I S. 744. D. S. 68.

Pflichten des Verkäufers.

1. Der Verkäufer muß den Kaufpreis mit Zinsen, laufend von der Zeit des Empfanges an, zurückgewähren. (§ 346 Satz 1 u. § 347 Satz 3 u. 467 BGB.)

Die gesetzlichen Zinsen betragen, sofern durch Vertrag nicht ein Anderes bestimmt ist, vier vom Hundert. (§ 246 BGB.)

2. Der Verkäufer muß dem Käufer im Falle der Wandelung ferner ersetzen:

a) die Kosten der Fütterung und Pflege,
b) die Kosten der thierärztlichen Untersuchung und Behandlung,
c) die Kosten der nothwendig gewordenen Tödtung und Wegschaffung des Thieres,
d) die Transportkosten des Thieres.

(§ 488 BGB.)

Diese Kosten sind zu ersetzen von der Uebergabe des Thieres ab und zwar so lange als der Käufer diese Aufwendungen macht, also auch wenn der Verkäufer mit der Rücknahme des Thieres in Verzug ist.

Nicht unter die Kosten fallen die Aufwendungen zum Schutz gegen Seuchengefahr.

Wie bereits zu § 487 BGB. bemerkt, muß sich der Käufer des Thieres die wirklich gezogenen Nutzungen anrechnen lassen.

3. Der Verkäufer hat dem Käufer die Vertragskosten und die Kosten der Mängelanzeige zu ersetzen. (§ 467 Satz 2 BGB.)

4. Der Verkäufer hat dem Käufer, der nicht wandeln

will, **Schadensersatz wegen Nichterfüllung** zu leisten in drei Fällen:

a) Wenn der Verkäufer das Nichtvorhandensein eines Hauptmangels zusicherte und wenn dieser Hauptmangel zur Zeit des Vertragsabschlusses (nicht des Gefahrüberganges) bereits vorhanden war. (§§ 463, 481 u. 490 Satz 1 BGB.)

b) Wenn der Verkäufer eine Eigenschaft des Thieres zusicherte und wenn diese Eigenschaft zur Zeit des Vertragsabschlusses nicht vorhanden war. (§§ 463, 481, 492 BGB.) Z. B. der Verkäufer garantirt für Trächtigkeit der verkauften Kuh; ist die Kuh im Momente des Vertragsabschlusses nicht trächtig, dann ist der Verkäufer schadensersatzpflichtig.

Zusatz zu a und b.

Der Verkäufer ist schadensersatzpflichtig, wenn der Hauptmangel, dessen Fehlen zugesichert wurde, zur Zeit des Vertragsabschlusses vorhanden war oder wenn die zugesicherte Eigenschaft zu dieser Zeit fehlte. Trat aber der Hauptmangel erst nach dem Vertragsabschlusse auf oder fiel die zugesicherte Eigenschaft erst nach diesem Zeitpunkte weg, dann ist der Verkäufer nicht schadensersatzpflichtig, er haftet dann einfach wie bei einem Hauptmangel.

Ueber den Begriff Zusicherung vergl. unten § 492 BGB. III.

In beiden Fällen (a u. b) haftet der Verkäufer auch dann, wenn ihn ein Verschulden nicht trifft.

c) Wenn der Verkäufer den zur Zeit des Vertragsabschlusses vorhandenen Hauptmangel arglistig verschwieg, d. h. in Kenntniß des Mangels und in Täuschungsabsicht. (§ 463 BGB.)

Auch hier gilt die Bemerkung zu a und b, d. h. wenn der Verkäufer erst nach dem Vertragsabschluß von dem Hauptmangel Kenntniß erhält, dann haftet er nicht mehr auf das Erfüllungsinteresse. Der dolus muß also zur Zeit des Vertragsabschlusses vorhanden sein. (§ 463 Satz 2 BGB.)

Der Käufer muß das arglistige Verschweigen des Verkäufers beweisen.

d) Umfang der Schadensersatzpflicht.

Der Umfang der Schadensersatzpflicht in den Fällen 4 a—c bemißt sich nach den Vorschriften der §§ 249 ff., die natürlich nur modifizirt Anwendung finden können. Prinzip ist: Der Verkäufer hat den Zustand herzustellen, der bestehen würde, wenn der zum Schadensersatze verpflichtende Umstand nicht eingetreten wäre, wenn also das Thier mit dem Hauptmangel, dessen Abwesenheit zugesichert wurde, nicht behaftet, oder wenn die zugesicherte Eigenschaft vorhanden gewesen wäre 2c.

Der Verkäufer hat den Käufer, da eine andere Reparatur des Schadens gewöhnlich nicht möglich sein wird, in Geld zu entschädigen. (§ 251 BGB.)

Entsprechend dem eben erwähnten Prinzip muß der Verkäufer dem Käufer sowohl die positive Vermögenseinbuße als auch den entgangenen Gewinn ersetzen.

α) Als entgangen gilt der Gewinn, welcher nach dem gewöhnlichen Lauf der Dinge oder nach den besonderen Umständen mit Wahrscheinlichkeit erwartet werden konnte. (§ 252 BGB.)

Wenn z. B. der Verkäufer dem Käufer für schweren Zug des verkauften Pferdes garantirt hat und wenn diese zugesicherte Eigenschaft fehlt, dann kann der Käufer, der das Pferd nicht zum schweren Zug benutzen konnte, Ersatz des dadurch entgangenen Gewinnes verlangen.

β) Die positive Vermögenseinbuße kann eine verschiedene sein.

Z. B.: Das verkaufte Thier war mit einem von dem Verkäufer arglistig verschwiegenen Hauptmangel behaftet, der die anderen Thiere im Stalle angesteckt hat. Es sind in Folge der Krankheit, welche die Thiere durch die Ansteckung erworben haben, verschiedene derselben verendet.

Der Verkäufer muß in diesem Falle den Werth dieser Thiere ersetzen.

(cf. jetzt auch Scherer a. a. O. § 463 Note 2 II.)

§. 489.

Ist über den Anspruch auf Wandelung ein Rechtsstreit anhängig, so ist auf Antrag der einen oder der anderen Partei die öffentliche Versteigerung des Thieres und die Hinterlegung des Erlöses durch einstweilige Verfügung anzuordnen, sobald die Besichtigung des Thieres nicht mehr erforderlich ist.

E. I § 406; II § 424; III § 483. Mot. II S. 261; P. II Bd. I S. 744. D. S. 68.

Käufer und Verkäufer können ein Interesse daran haben, daß die Fütterungs- und Verpflegungskosten nicht ins Ungemessene wachsen, schon wegen der Ungewißheit des Prozeßausganges. Der Käufer kann noch ein spezielles Interesse haben, weil er z. B. Zahlungsunfähigkeit des Verkäufers befürchten muß.

1. Es muß der Rechtsstreit bereits anhängig sein.

2. Antragsberechtigt sind beide Theile, Kläger und Beklagter.

3. Die Anordnung der Versteigerung erfolgt durch einstweilige Verfügung gemäß §§ 935 ff. RCPO. Dabei ist zu beachten, daß diese einstweilige Verfügung nicht an die engeren Voraussetzungen des § 935 CPO. gebunden ist. Die einstweilige Verfügung ist vom Gericht der Hauptsache auch dann zu erlassen, wenn nicht zu besorgen ist, daß durch eine Veränderung des bestehenden Zustandes die Verwirklichung des Rechtes einer Partei vereitelt oder wesentlich erschwert werden könnte.

Voraussetzung für den Erlaß der einstweiligen Verfügung ist jedoch, daß die Besichtigung des Thieres nicht mehr erforderlich ist.

4. Durch die einstweilige Verfügung wird die öffentliche Versteigerung des Thieres angeordnet, d. h. Versteigerung durch einen für den Versteigerungsort bestellten Gerichtsvollzieher oder zur Versteigerung befugten andern Beamten oder öffentlich angestellten Versteigerer. (§ 383 Abs. 3 BGB.)

5. Der Erlös wird bei der durch das Gericht oder allgemein bestimmten Hinterlegungsstelle hinterlegt. Ueber Hinterlegung vergl. § 372 ff. BGB. u. Art. 145 u. 146 Einf.Ges. z. BGB.

Es hat deshalb im Falle der Wandelung der Verkäufer statt des Anspruches auf Rückgewähr des Thieres den Anspruch auf Bewilligung der Auszahlung des Erlöses an ihn.

(cf. Planck a. a. O. § 489 Note am Ende.)

§. 490.

Der Anspruch auf Wandelung sowie der Anspruch auf Schadensersatz wegen eines Hauptmangels, dessen Nichtvorhandensein der Verkäufer zugesichert hat, verjährt in sechs Wochen von dem Ende der Gewährfrist an. Im Uebrigen bleiben die Vorschriften des §. 477 unberührt.

An die Stelle der in den §§. 210, 212, 215 bestimmten Fristen tritt eine Frist von sechs Wochen.

Der Käufer kann auch nach der Verjährung des Anspruchs auf Wandelung die Zahlung des Kaufpreises verweigern. Die Aufrechnung des Anspruchs auf Schadensersatz unterliegt nicht der im §. 479 bestimmten Beschränkung.

E. I § 407; II § 425; III § 484. Mot. II S. 261, 262. P. II Bd. I S. 745—748. D. S. 69.

Das Recht des Käufers, Wandelung oder Schadensersatz zu verlangen, charakterisirt sich nach dem BGB. als Anspruch; die Folge ist die, daß, soweit nicht abweichende Bestimmungen getroffen sind, die allgemeinen Bestimmungen über Verjährung (§§ 194 ff. BGB.) entsprechende Anwendung finden.

I. **Verjährungsfristen.**

Vorbemerkung: Dadurch, daß die Person des Käufers oder Verkäufers wechselt, z. B. der Käufer verkauft das Thier weiter, wird die Frist nicht verlängert.

1. Dauer der Verjährung.

a) Der Anspruch auf Wandelung (§ 487 BGB.) sowie auf Schadensersatz, wegen eines Hauptmangels, dessen Nichtvorhandensein der Verkäufer zugesichert hat, verjährt in 6 Wochen vom Ende der Gewährfrist an. (§ 490 Abs. 1 BGB.)

Ueber den Fall, wenn eine Gewährfrist nicht bedungen ist vergl. unten § 492 Note 1, 2 u. 3 a.

Andere Ansprüche, z. B. auf Bezahlung des Kaufpreises, verjähren natürlich nicht in der kurzen Frist.

b) Hat der Verkäufer den zur Zeit des Vertragsabschlusses vorhandenen Hauptmangel arglistig verschwiegen (§ 488 Note 4 c), dann verjährt der Anspruch auf Wandelung und Schadensersatz in 30 Jahren vom Ende der Gewährfrist an.

Ueber den Fall, wenn eine Gewährfrist nicht bedungen ist, vergl. unten § 492 Note 1 u. 2 u. 3 a.

(§§ 477 Abs. 1, 468, 481 u. 490 Abs. 1 Satz 2 BGB.)

2. Verlängerung der Verjährung.

Die 6 Wochen-Frist des § 490 kann durch Vertrag verlängert werden.

(§ 477 Abs. 1 Satz 2 und § 490 Abs. 1 Satz 2 BGB.)

Die vertragsmäßige Verlängerung bezüglich des Anspruches auf Wandelung wirkt nicht auch ohne Weiteres bezüglich des Anspruches auf Schadensersatz.

3. Beginn und Ende der Verjährung.

Die 6 Wochen-Frist beginnt mit dem auf den letzten Tag der Gewährfrist*) folgenden Tag und endigt gemäß § 188 Abs. 2 BGB. mit dem Ablauf desjenigen Tages der letzten Woche, welcher durch seine Benennung dem Tage entspricht, in welchen das Ereigniß, nämlich das Ende der Gewährfrist, fällt.

(§ 187 Abs. 1 und § 188 Abs. 2 BGB.)

Wenn also die Gewährfrist endigt am 17. Januar 1900, einem Mittwoch, dann beginnt die 6 Wochen-Verjährung am 18. Januar 1900 und endigt am 28. Februar 1900, einem Mittwoch.

Wenn die Verjährungsfrist während des Laufes verlängert wird, dann wird die neue Frist von dem Ablauf der vorigen Frist an berechnet.

(§ 190 BGB.)

Da innerhalb der Verjährungsfrist von dem Käufer irgend eine Willenserklärung abgegeben werden muß, z. B. Klageerhebung 2c., so endigt die 6 Wochen-Frist, wenn der letzte Tag auf einen Sonntag oder einen am Erklärungsort nach Landesrecht staatlich anerkannten allgemeinen Feiertag fällt, erst mit Ablauf des nächsten Werktages.

(§ 193 BGB.)

4. In den beiden unter Ziff. 1 erwähnten Fällen ist nur von der Verjährung des Anspruches auf Wandelung die Rede.

a) Wenn nun dieser Anspruch vor Ablauf der Ver-

---

*) Ueber den Fall, wenn eine Gewährfrist nicht bedungen ist, vergl. unten § 492 Note 3 a.

jährung bereits realisirt ist, d. h. wenn der Verkäufer sich mit der von dem Käufer beanspruchten Wandelung einverstanden erklärt hat, die Wandelung somit vollzogen ist (§ 465) dann hat der Käufer einen neuen Anspruch, nämlich den, die ihm in Folge der vollzogenen Wandelung gebührenden Leistungen zu verlangen. Es muß also mit diesem Moment eine neue Verjährung beginnen, nämlich die 30 jährige, da nur für den Anspruch auf Wandelung die kurze Verjährungsfrist gilt, nicht aber für die aus der vollzogenen Wandelung sich ergebenden neuen Rechte.

(Vergl. auch Planck a. a. O. §§ 477 Note 1 a, 462 Note 3 A. M. Schneider a. a. O. S. 136.)

b) Der Anspruch auf Schadensersatz wegen eines Hauptmangels dagegen, dessen Nichtvorhandensein der Verkäufer zugesichert hat, verjährt unter allen Umständen in 6 Wochen vom Ende der Gewährfrist an, weil, so lange Schadensersatz nicht geleistet ist, der Käufer immer noch seinen Anspruch hat.

II. Unterbrechung und Hemmung der Verjährung.

Die Unterbrechung oder die Hemmung der Verjährung des Anspruches auf Wandelung bewirkt auch die Unterbrechung und Hemmung der Verjährung des Schadensersatzanspruches und umgekehrt. (§ 477 Abs. 3 u. § 490 Abs. 1 BGB.)

Es kann also der Käufer, der mit der Wandelungsklage abgewiesen wurde, seinen Anspruch auf Schadensersatz doch geltend machen, auch wenn bezüglich des letzteren die Verjährung an sich schon abgelaufen wäre, weil eben durch die Wandelungsklage auch die für den Schadensersatzanspruch laufende Verjährung unterbrochen wird.

A. Unterbrechung der Verjährung.

Die Verjährung kann unterbrochen werden. Die Unterbrechung hat die Wirkung, daß die bis zur Unterbrechung verstrichene Zeit nicht in Betracht kommt. Erst wenn die Unterbrechung beendigt ist, kann eine neue Verjährung beginnen. (§ 217 BGB.)

Unterbrechungsgründe sind:

1. Anerkennung des Anspruches auf Wandelung oder Schadensersatz. (§ 208 BGB.)

2. Klageerhebung (§ 209 Abs. 1).

3. Zustellung eines Zahlungsbefehles (§ 209 Abs. 2 Ziff. 1).

4. Konkursanmeldung (§ 209 Abs. 2 Ziff. 2).

5. Aufrechnung im Prozesse (§ 209 Abs. 2 Ziff. 3).

6. Streitverkündung (§ 209 Abs. 2 Ziff. 4).

7. Antrag auf Beweissicherung (§ 477 Abs. 2 BGB.).

8. Einreichung eines Gesuches an das höhere Gericht um Bestimmung des zuständigen Gerichts (§ 210 BGB.).

Nicht als Unterbrechungsgrund ist zu betrachten die außergerichtliche Mahnung des Gläubigers.

1. Ausdrückliche oder stillschweigende formlose Anerkennung des dem Käufer zustehenden Anspruches auf Wandelung oder Schadensersatz. (§ 208 BGB.).

a) Das Anerkenntniß muß gegenüber dem Käufer abgegeben sein und inhaltlich in verbindlicher Weise den Anerkennungswillen des Verkäufers zum Ausdruck bringen.*) Daß der Käufer das Anerkenntniß auch annimmt, ist nicht erforderlich; es genügt also die einseitige Erklärung des Verkäufers.

Die durch das Anerkenntniß bewirkte Unterbrechung endigt sofort, d. h. sobald das Anerkenntniß abgegeben ist, beginnt eine neue Verjährung.

Wenn der Verkäufer den Anspruch des Käufers auf Wandelung auch anerkennt, so ist damit noch nicht gesagt, daß er mit der vom Käufer verlangten Wandelung sich einverstanden erklärt, es kann der Verkäufer trotz

---

*) Endemann l. c. § 91 III S. 591. A. M. Planck a. a. O. § 208 Note 2 S. 259.

des Anerkenntnisses des Anspruches des Käufers doch die Wandelung nicht wollen.

Die Folge ist die, daß mit der Anerkennung des Anspruches auf Wandelung die Wandelung noch nicht vollzogen ist, mithin, daß der Käufer immer noch einen Anspruch auf Wandelung hat.

Eine weitere Folge ist die, daß von dem Momente des Anerkenntnisses an nur die kurze 6 wöchentliche Frist von Neuem zu laufen beginnt, es beginnt also nicht die 30 jährige Verjährung.

Wie ist es nun mit dem Schadensersatz?

Hier ist die Sache nicht anders.

Wenn auch der Verkäufer den Schadensersatzanspruch des Käufers anerkennt, so hat der Käufer allerdings immer noch einen Anspruch auf Schadensersatz. Die Anerkennung hat nur die Wirkung, daß sie die Verjährung unterbricht, sie hat aber nicht die Wirkung, einen neuen Klagegrund zu bilden, da der Käufer den Schadensersatzanspruch hat, dessen Grundlage eben nicht die Anerkennung ist, sondern die Erfüllung der gesetzlichen Voraussetzungen. Auch hier beginnt also vom Ende der Unterbrechung an die neue 6 Wochen-Frist. Es ist eben immer der Schadensersatzanspruch, welcher der kurzen Verjährung unterliegt.

b) Allgemeine Vertröstungen, Beschwichtigungen des Verkäufers, z. B. „Der Gaul ist allerdings dämpfig, allein Du brauchst nicht zu klagen, ich werde Dich schon schadlos halten", sind an sich als Anerkennung des dem Käufer zustehenden Rechtes auf Vertragsauflösung zu betrachten, und es wird die Verjährung dadurch unterbrochen.

Allein aus den unter a erwähnten Gründen beginnt von dem Momente dieser Unterbrechung an wiederum nur die kurze 6 wöchentliche Verjährung, nicht die 30 jährige.

(cf. Scherer a. a. O. § 208 Note 8 S. 448 ff., § 490 Note 7 S. 589, der theilweise a. M. ist.)

2. Klageerhebung des Käufers, indem er Wandelung oder Schadensersatz oder Lieferung eines mangelfreien Thieres verlangt.

(§ 209 Abs. 1 BGB.)

Sachlich zuständig für die Klage ist ohne Rücksicht auf die Höhe des Streitwerthes das Amtsgericht. (§ 23 GVG.)

Die Klage ist erhoben mit der Zustellung derselben. (Vergl. des Näheren §§ 253, 499, 500, 510 Abs. 2 RCPO.) Es genügt auch Klageerhebung bei einem unzuständigen Gericht. (cf. § 212 BGB.)

Ladung des Gegners zum Zwecke eines Sühneversuchs (§ 510 RCPO.) unterbricht die Verjährung nicht. (Mot. I zu § 170 S. 327—330.)

a) Die Unterbrechung durch Klageerhebung endigt, sobald der Prozeß rechtskräftig entschieden (§ 705 RCPO. u. § 219 BGB.) oder anderweitig, z. B. durch gerichtlichen Vergleich (§ 794 Ziff. 1 RCPO.) erledigt ist. (§ 211 Abs. 1 BGB.)

Von diesem Moment ab beginnt die 30jährige Verjährung. (§ 218 BGB.)

Anerkenntniß, Verzicht und außergerichtlicher Vergleich sind nicht geeignet, die Unterbrechung zu endigen, weil dadurch der Prozeß nicht erledigt wird.

b) Wenn der Prozeß in Folge einer Vereinbarung der Parteien (§ 251 RCPO.) oder dadurch in Stillstand geräth, daß er nicht betrieben wird (nicht auch dann, wenn das Gericht, soweit dasselbe, wie z. B. im Beweisverfahren, von Amtswegen für den Fortgang des Prozesses zu sorgen hat, es zum Stillstand kommen läßt) (Mot. I 331—333) so endigt die Unterbrechung mit der letzten Prozeßhandlung des Gerichts oder der Parteien, also nicht mit dem Eintritte des Stillstandes oder dem Ablaufe der vereinbarten Ruhezeit.

Nach Beendigung der Unterbrechung beginnt eine neue Verjährung. Diese wird nun dadurch, daß eine der beiden Parteien den Prozeß weiter betreibt z. B. durch Vornahme von Ladungen, Zustellungen in gleicher Weise wie durch Klageerhebung unterbrochen. (§ 211 Abs. 2 BGB.)

c) Wenn nun die Klage zurückgenommen (§ 271 RCPO.) oder durch ein nicht in der Sache selbst entscheidendes Urtheil rechtskräftig abgewiesen wird z. B. wegen Unzuständigkeit des Gerichts (absolutio ab instantia), dann verliert die Unterbrechung ihre Wirksamkeit mit rückwirkender Kraft, d. h. es wird so angesehen, als ob die Unterbrechung gar nicht erfolgt wäre. (§ 212 Abs. 1 BGB.)

Erhebt nun aber der Berechtigte, der Käufer, binnen 6 Wochen seit der Klagezurücknahme oder dem Tage der Rechtskraft des nicht in der Sache selbst entscheidenden Urtheiles von neuem Klage, so ist die Wirkung die, daß die erste Klageerhebung ihre Wirksamkeit zurückerlangt, d. h. die Verjährung gilt als durch die Erhebung der ersten Klage unterbrochen. (§ 212 Abs. 2 u. § 490 Abs. 2 BGB.)

Ueber die Berechnung der Frist vergl. §§ 187 u. 188 BGB.

3. Zustellung eines Zahlungsbefehles, in welchem der Käufer Ersatz des in einer bestimmten Geldsumme ausgedrückten Schadens verlangt. (§ 688 u. § 698 RCPO.)

Wandelung kann wegen der Voraussetzungen des § 688 RCPO. mittelst Zahlungsbefehles nicht verlangt werden.

(§ 209 Abs. 2 Ziff. 1 BGB.)

Die Unterbrechung durch Zustellung eines Zahlungsbefehles gilt jedoch als nicht erfolgt, wenn die Wirkungen der Rechtshängigkeit erlöschen z. B. im Falle des § 701 RCPO., wenn Widerspruch nicht erhoben ist und die Erlassung des Vollstreckungsbefehles nicht binnen der dort bestimmten 6 monatlichen Frist nachgesucht wird.

(§ 213 BGB.)

4. Anmeldung des Anspruchs im Konkurse (§ 209 Abs. 2 Ziff. 3 BGB.).

Die Unterbrechung dauert fort bis zur Beendigung des Konkurses.

(§ 214 Abs. 1 BGB. und §§ 163, 190, 202, 204 RKO.)

Die Unterbrechung gilt als nicht erfolgt, wenn die Anmeldung zurückgenommen wird. (§ 214 Abs. 2 BGB.) Vergl. des Näheren noch § 214 Abs. 3 BGB.

5. Geltendmachung des Anspruch durch Aufrechnung im Prozesse bis zur Höhe desjenigen Betrages, für welchen die Aufrechnung verlangt wird. (§ 209 Abs. 2 Ziff. 3 BGB.) Bloße einredeweise Geltendmachung unterbricht die Verjährung nicht. Hier kann ebenfalls nur der Schadensersatzanspruch in Betracht kommen. Wenn also der Verkäufer den Kaufpreis einklagt, dann kann der Verkäufer mit seinem Schadensersatzanspruch aufrechnen.

Die Verjährung wird unterbrochen durch Geltendmachung der Aufrechnung in der mündlichen Verhandlung gemäß § 281 RCPO.

6. Streitverkündung in dem Prozesse, von dessen Ausgange der Anspruch abhängt. (§ 209 Abs. 2 Ziff. 4 BGB.) Wenn der ursprüngliche Käufer das Thier weiter veräußert hat und nun wegen eines Gewährsmangels von seinem Käufer belangt wird, dann kann er die Unterbrechung der gegen ihn aus dem ersten Geschäft laufenden sechswöchentlichen Verjährung dadurch herbeiführen, daß er seinem Verkäufer den Streit verkündet. Selbstverständlich wird dabei vorausgesetzt, daß der Käufer rechtzeitig, d. h. spätestens zwei Tage nach Ablauf der Gewährfrist eine der in § 485 BGB. bezeichneten Handlungen vorgenommen hat.

Da unter diesen Handlungen auch die Streitverkündung aufgeführt ist, so wird die Verjährung unterbrochen, wenn die Streitverkündung innerhalb der zweitägigen Frist des § 485 BGB. erfolgt.

Erfolgt sie nicht innerhalb dieser genannten Frist, dann hat die später erfolgende Streitverkündung nur dann unterbrechende Wirkung, wenn eine der andern in § 485 BGB. aufgeführten Handlungen innerhalb der zweitägigen Frist vorgenommen wurde.

Zu Ziffer 5 u. 6.

Die durch die Aufrechnung oder Streitverkündigung herbeigeführte Unterbrechung endigt mit der rechtskräftigen Entscheidung oder anderweitigen Erledigung des Prozesses. Die Bestimmungen über Endigung im Falle des Stillstandes (vergl. oben Ziff. 2 b u. § 211 Abs. 2) finden ebenfalls Anwendung. (§ 215 Abs. 1 BGB.)

Die Unterbrechung gilt jedoch als nicht erfolgt, wenn nicht binnen 6 Wochen nach der Beendigung des Prozesses Klage auf Befriedigung oder Feststellung des Anspruches erhoben wird.

Diese 6 Wochen Frist kann aus den Gründen der §§ 203, 206 u. 207 BGB. gehemmt werden.

(§ 215 Abs. 2 u. § 490 Abs. 2 BGB.)

7. Antrag des Käufers auf gerichtliche Beweisaufnahme zur Sicherung des Beweises.

(§ 477 Abs. 2 u. § 490 Abs. 1 BGB. u. §§ 485 ff. RCPO.)

a) Die Unterbrechung beginnt, sobald der Antrag bei Gericht eingereicht ist.

Sie endigt mit der Beendigung des Beweissicherungsverfahrens, also entweder mit der rechtskräftigen Abweisung des Beweissicherungsantrages oder mit dem Schluß der wirklich durchgeführten Beweisaufnahme.

Dabei finden die Vorschriften des § 211 Abs. 2 u. § 212 BGB. entsprechende Anwendung, damit die Unterbrechung nicht zu weit ausgedehnt werden kann.

b) Die Beweisaufnahme kann, auch wenn nicht zu besorgen ist, daß das Beweismittel verloren oder die Benutzung desselben erschwert werde, beantragt werden. (Vergl. §§ 485 u. 488 RCPO.)

8. Wenn die Bestimmung des zuständigen Gerichts durch ein höheres Gericht zu erfolgen hat (§§ 36 u. 37 RCPO.), so wird die Verjährung durch die Einreichung des Gesuches an das höhere Gericht in gleicher Weise wie durch Klageerhebung unterbrochen, wenn die Klage binnen 6 Wochen nach Erledigung des Gesuches erhoben wird.

Auch hier finden die Vorschriften der §§ 203, 206, 207 entsprechende Anwendung.

(§ 210 BGB.)

B. Hemmung der Verjährung.

Es können Umstände eintreten, welche den Beginn der Verjährung hindern oder welche, wenn sie während des Laufes derselben sich ereignen, bewirken, daß der Zeitraum, während dessen sie bestehen, in die Verjährungsfrist nicht eingerechnet wird.

(§ 205 BGB.)

Hemmungsgründe werden nachstehend unter Ziff. 1—6 aufgeführt:

1. Die Verjährung ist gehemmt, solange die Leistung gestundet oder der Verpflichtete aus einem andern Grunde vorübergehend zur Verweigerung der Leistung berechtigt ist.

(§ 202 Abs. 1 BGB. — Vergl. auch Abs. 2 eod.)

2. Die Verjährung ist gehemmt, solange der Berechtigte durch Stillstand der Rechtspflege innerhalb der letzten 6 Monate der Verjährungsfrist, oder bei einer Verjährung von kürzerer Dauer, innerhalb dieser, an der Rechtsverfolgung gehindert ist.

(§ 203 Abs. 1 BGB.)

Nicht gehemmt wird die Verjährung im Falle des § 245 RCPO. (Abwesenheit im Kriegsdienst). Hier muß ein im Kriegsfall zu erlassendes Spezialgesetz abhelfen.

3. Hemmung tritt ferner ein, wenn der Berechtigte durch höhere Gewalt innerhalb der letzten 6 Monate der Verjährungsfrist oder bei einer Verjährung von

kürzerer Dauer innerhalb dieser, an der Rechtsverfolgung verhindert ist.

Unter höherer Gewalt (vis maior) versteht man alle von außen kommenden Ereignisse, die nach menschlicher Berechnung nicht vorauszusehen und deren Eintritt und Wirkungen durch Vorkehrungen, welche zu dem durch dieselben zu erreichenden Erfolge nach der Verkehrsanschauung in vernünftigem Verhältniß stehen, nicht abgewendet werden können.

(Staub, Kommentar zum Handelsgesetzbuch, 3. u. 4. Aufl. 1896, Art. 395 § 5.)

Beispiele: Brand, Ueberschwemmung, Blitz, Sturm, Bergsturz, Erdbeben, Gewalt, Raub, Aufruhr, Plünderung 2c.

(§ 203 Abs. 2 BGB.)

4. Hemmung tritt ein bei Ansprüchen zwischen Ehegatten, solange die Ehe besteht,

ferner bei Ansprüchen zwischen Eltern und Kindern während der Minderjährigkeit der Kinder,

ferner bei Ansprüchen zwischen dem Vormund und dem Mündel während der Dauer des Vormundschaftsverhältnisses.

(§ 204 BGB.)

5. Ist eine geschäftsunfähige Person (§ 104 BGB.), z. B. eine Person unter sieben Jahren, eine wegen Geisteskrankheit entmündigte Person oder eine in der Geschäftsfähigkeit beschränkte, nicht prozeßfähige Person (§ 106 BGB.), z. B. ein Minderjähriger über sieben Jahre, ohne gesetzlichen Vertreter, so wird die gegen sie laufende Verjährung nicht vor dem Ablauf von 6 Wochen nach dem Zeitpunkte vollendet, in welchem die Person unbeschränkt geschäftsfähig wird oder der Mangel der Vertretung aufhört.

(§ 206 u. § 490 Abs. 1 BGB.)

6. Die Verjährung eines Anspruches, der zu einem Nachlaß gehört, z. B. wenn der wandelungsberechtigte

Käufer stirbt, oder sich gegen einen Nachlaß richtet, z. B. wenn der schadensersatzpflichtige Verkäufer stirbt, wird nicht vor dem Ablauf von 6 Wochen nach dem Zeitpunkt vollendet, in welchem die Erbschaft von dem Erben angenommen (§§ 1948 ff. BGB.) oder der Konkurs über den Nachlaß eröffnet wird (§§ 1975 ff. BGB.) oder von welchem an der Anspruch von einem Vertreter oder gegen einen Vertreter geltend gemacht wird.

(§ 207 BGB.)

III. Rechtsfolgen des Ablaufes der Verjährungsfrist.

Vorbemerkung: Die Verjährung ist nicht von Amtswegen zu berücksichtigen, sondern nur dann, wenn der Verpflichtete (hier der Verkäufer des Thieres) sich darauf beruft. (§ 222 Abs. 1 BGB.)

1. Die Rechtsfolge des Ablaufes der Verjährungsfrist ist die, daß der Käufer nicht mehr Wandelung oder Schadensersatz verlangen kann.

Hat der Käufer innerhalb der zweitägigen Frist des § 485 BGB. keine der dort bezeichneten Handlungen vorgenommen, dann erlischt mit Ablauf der Verjährung der ganze Anspruch, d. h. es gehen auch die dem Anspruch auf Wandelung oder Schadensersatz korrespondirenden Einreden verloren.

Hat jedoch der Verkäufer den Mangel arglistig verschwiegen, dann bleiben die Einreden nach Ablauf der Verjährung auch dann bestehen, wenn keine der Handlungen des § 485 BGB. vorgenommen wurde. (§ 485 Satz 2 BGB.)

2. Hat dagegen der Käufer innerhalb der zweitägigen Frist des § 485 BGB. eine der dort bezeichneten Handlungen vorgenommen, dann kann der Käufer auch nach Ablauf der Verjährung die Bezahlung des Kaufpreises verweigern oder, wenn er zugleich schadensersatzberechtigt ist, mit seiner Schadensersatzforderung aufrechnen.

(§ 490 Abs. III Satz 1 BGB. und § 478 Abs. 1 BGB.)

a) Recht des Käufers, die Bezahlung des Kaufpreises zu verweigern.

Wenn der Verkäufer gegen den Käufer den Kaufpreis einklagt, dann kann der Käufer die Einrede bringen: Das Thier hatte den und den Gewährsmangel. Ich habe diesen Mangel innerhalb der zweitägigen Frist des § 485 BGB. dem Verkäufer angezeigt. (Es genügt natürlich auch jede der andern in § 485 BGB. aufgeführten Handlungen.) Ich hätte deshalb Wandelung verlangen können und ich wäre auf Grund der Wandelung berechtigt gewesen, die Bezahlung des Kaufpreises zu verweigern. Deshalb verweigere ich die Bezahlung des Kaufpreises auch jetzt.

Beispiel: Das mit dem Gewährsmangel behaftete Pferd ist durch Zufall untergegangen oder wesentlich verschlechtert worden. Der Käufer hat rechtzeitig Anzeige erstattet Der Verkäufer trägt den casus interitus und deteriwriationis, d. h. der Käufer braucht im Falle der Wandeung für das Pferd keinen Ersatz zu leisten, der Verkäuer dagegen muß dem Käufer den Kaufpreis herausgeben aber was dasselbe ist, der Käufer braucht den Kaufpreis, venn er ihn noch nicht gezahlt hat, nicht zu bezahler.

(Vergl. oben § 487 IV. 1a.)

Wenn nun der Verkäufer nach Ablauf der Verjährungsfrüt, ohne daß der Käufer vorher Wandelung verlangt hat, diesen Kaufpreis vom Käufer verlangt, dann kann der letztere die Einrede bringen: Ich verweigere die Bezihlung; denn ich wäre auch auf Grund der Wandelung dazu berechtigt gewesen.

b) Recht des Käufers, mit dem Schadensersatzarspruch aufzurechnen.

Wem der Verkäufer den Kaufpreis einklagt und es hat der Käufer, der rechtzeitig eine der in § 485 BGB. bezeichnetm Handlungen vorgenommen hat, Anspruch auf Schadensasatz (cf. oben § 488 Note 4), dann kann der

Käufer gegenüber der Kaufpreisforderung mit seiner Schadensersatzforderung aufrechnen. (§§ 387 ff. BGB.)

Die Aufrechnung des Anspruches auf Schadensersatz unterliegt nicht der im § 479 bestimmten Beschränkung; dafür kommen aber, wie bereits Eingangs erwähnt, die Bestimmungen des § 485 BGB. zur Anwendung, welcher strikte zu beachten ist.

Wenn also der Käufer keine der in § 485 BGB. bezeichneten Handlungen vorgenommen hat, dann kann er nicht aufrechnen.*)

c) Wenn der Verkäufer gemäß § 492 BGB. die Gewährleistung wegen eines nicht zu den Hauptmängeln gehörenden Fehlers übernimmt oder wenn er eine Eigenschaft des Thieres zusichert und wenn eine Gewährfrist nicht vereinbart ist, dann kann natürlich § 485 BGB. nicht zur Anwendung kommen.

In diesem Falle muß aber der Käufer, wenn er nach Ablauf der Verjährung die Bezahlung des Kaufpreises verweigern oder mit dem Schadensersatzanspruch aufrechnen will, vor Ablauf der Verjährung eine der in § 478 und § 479 BGB. bezeichneten Handlungen vorgenommen haben.

Diese Handlungen sind:

Anzeige des Mangels an den Verkäufer, Absendung der Anzeige, Antrag des Käufers auf gerichtliche Beweisaufnahme zur Sicherung des Beweises, Streitverkündung wegen des Mangels des Käufers an den Verkäufer in einem zwischen dem Käufer und dem spätern Erwerber anhängigen Rechtsstreite.

---

*) A. M. Rein a. a. O. S. 44. M. E. läßt sich § 485 BGB. nicht umgehen. Denn § 485 BGB. schließt jede Einrede aus, wenn nicht eine der in § 485 BGB. vorgeschriebenen Handlungen vorgenommen wurde. Vergl. auch Buchka, a. a. O. S. 106.

Im Falle arglistigen Verschweigens ist die Vornahme dieser Handlungen nicht erforderlich.

Für den unter vorstehender Ziffer 3 erwähnten Fall des § 492 ist, wie Schneider a. a. O. S. 187 ff. überzeugend ausführt, die Verweisung in § 490 Abs. 3 BGB. eine unrichtige und irreführende.

§. 491.

Der Käufer eines nur der Gattung nach bestimmten Thieres kann statt der Wandelung verlangen, daß ihm an Stelle des mangelhaften Thieres ein mangelfreies geliefert wird. Auf diesen Anspruch finden die Vorschriften der §§. 488 bis 490 entsprechende Anwendung.

E. I § 408; II § 426; III § 485. Mot. II S. 263. P. II Bd. I S. 748. D. S. 69.

I. Wenn der Käufer ein nur der Gattung nach bestimmtes Thier gekauft hat, dann hat er wahlweise zwei Rechte:

1. Das Recht auf Wandelung, unter Umständen auf Schadensersatz. In diesem Falle gelten die allgemeinen Bestimmungen über Viehgewährschaft.

2. Das Recht, statt des mangelhaften Thieres die Lieferung eines mangelfreien zu verlangen.

Dieses Recht hat der Käufer jedoch nur dann, wenn er rechtzeitig eine der in § 485 BGB. vorgeschriebenen Handlungen vorgenommen hat.

In diesem Falle finden die Bestimmungen der §§ 488 bis 490 entsprechende Anwendung:

Es müssen also dem Käufer die Kosten der Fütterung und Pflege 2c. ersetzt werden (§ 488), beide Theile haben das Recht, die öffentliche Versteigerung des Thieres und die Hinterlegung des Erlöses zu verlangen (§ 489). Der Anspruch auf Lieferung eines mangelfreien Thieres verjährt in 6 Wochen von dem Ende der Gewährfrist an (§ 490).

II. Auf diesen Anspruch, statt der Wandelung die Lieferung eines mangelfreien Thieres zu verlangen, finden nachstehende Vorschriften entsprechende Anwendung:*)

1. § 464. Wenn der Käufer das nur der Gattung nach bestimmte Thier annimmt, obwohl er den Mangel kennt, dann kann er nicht statt des mangelhaften Thieres die Lieferung eines mangelfreien verlangen, einen Fall ausgenommen: nämlich den, daß der Käufer sich sein Recht (statt des mangelhaften Thieres die Lieferung eines mangelfreien Thieres zu verlangen), bei der Annahme ausdrücklich vorbehält.

Daß er die Vorschrift des § 464 BGB. auch dann beobachten muß, wenn er wandeln oder Schadensersatzanspruch geltend machen will, ist selbstverständlich.

2. § 465. Der Anspruch des § 491 BGB. ist realisirt, wenn der Verkäufer sich mit der von dem Käufer verlangten Lieferung eines mangelfreien Thieres einverstanden erklärt hat, oder wenn der Verkäufer rechtskräftig dazu verurtheilt worden ist.

3. § 466. Wenn der Käufer dem Verkäufer gegenüber einen Mangel des Thieres behauptet, dann kann der Verkäufer die Ungewißheit, ob der Käufer Wandelung oder Lieferung eines mangelfreien Thieres will, dadurch beseitigen, daß er dem Käufer die Lieferung eines mangelfreien Thieres anbietet und ihn unter Bestimmung einer angemessenen Frist zur Erklärung darüber auffordert, ob er die Lieferung verlange. Die Lieferung kann dann nur bis zum Ablaufe der Frist verlangt werden.

Der Verkäufer kann sich natürlich auch zur Wandelung erbieten unter Bestimmung einer Frist und es kann dann

*) cf. § 480 Abs. 1 u. § 481 BGB.

die Wandelung nur bis zum Ablauf der Frist verlangt werden. Nach Ablauf der Frist kann dann nur mehr die Lieferung eines mangelfreien Thieres verlangt werden.

4. § 467 Satz 1 BGB.

Der Käufer muß das Thier zurückgeben. Er kann nun aber die Lieferung eines mangelfreien Thieres auch dann verlangen, wenn das mangelhafte Thier bei ihm durch Zufall untergegangen ist (§§ 350 BGB.), er braucht dann dem Verkäufer nichts zu ersetzen.

Er kann die Lieferung eines mangelfreien Thieres nicht verlangen, wenn er eine wesentliche Verschlechterung, den Untergang oder die anderweitige Unmöglichkeit der Herausgabe verschuldet, wenn er das Thier geschlachtet oder wenn er das Thier veräußert oder mit dem Rechte eines Dritten belastet hat, so daß er das Thier nicht mehr zurückgeben kann. (§§ 351—353 BGB. u. § 480 Abs. 1 BGB.)

Es gilt die Vorschrift des § 354: Wenn der Käufer, nachdem sich der Verkäufer mit der von dem Käufer verlangten Lieferung eines mangelfreien Thieres einverstanden erklärt hat, mit der Rückgabe des empfangenen Thieres in Verzug kommt, dann kann ihm der Verkäufer eine angemessene Frist mit der Erklärung bestimmen, daß er die Annahme des Thieres nach dem Ablaufe der Frist ablehne. Wenn dann der Käufer das Thier nicht vor dem Ablaufe der Frist zurückgiebt, dann wird das Verlangen, statt des mangelhaften Thieres ein mangelfreies geliefert zu erhalten, unwirksam. Es gilt auch § 356.

5. § 469 BGB. Wenn von mehreren gekauften Thieren nur einzelne Hauptmängel haben, so kann nur in Ansehung dieser verlangt werden, daß an Stelle der fehlerhaften Thiere fehlerfreie geliefert werden.

Wenn jedoch die Thiere als zusammengehörig z. B. als Paare verkauft sind, dann kann der Käufer verlangen, daß, obwohl nur einzelne Thiere Hauptmängel haben, der Verkäufer doch alle Thiere zurücknimmt und statt derselben neue, fehlerfreie liefert, wenn die mangelhaften Thiere nicht ohne Nachtheil von den übrigen getrennt werden können.

6. Sind auf der einen oder andern Seite mehrere betheiligt, so kann von Jedem und gegen Jeden verlangt werden, daß an Stelle des mangelhaften Thieres ein mangelfreies geliefert werde.

(§ 474 BGB.)

7. § 476. Auch beim Kauf eines nur der Gattung nach bestimmten Thieres kann die Gewährspflicht erlassen oder beschränkt werden; eine diesbezügliche Vereinbarung ist jedoch nichtig, wenn der Verkäufer den Mangel arglistig verschwiegen hat.

8. Fehlt dem Thiere zu der Zeit, zu welcher die Gefahr auf den Käufer übergeht, eine zugesicherte Eigenschaft oder hat der Verkäufer einen Hauptmangel arglistig verschwiegen, so kann der Käufer statt der Wandelung oder der Lieferung einer mangelfreien Sache Schadensersatz wegen Nichterfüllung verlangen.

(§ 480 Abs. 2 BGB.)

Man beachte die Abweichung von § 463 BGB., wo der Zeitpunkt des Kaufabschlusses maßgebend ist, d. h. der Käufer hat nur dann Anspruch auf Schadensersatz, wenn dem individuell bestimmten Thiere zur Zeit des Kaufabschlusses die zugesicherte Eigenschaft fehlt.

§. 492.

Uebernimmt der Verkäufer die Gewährleistung wegen eines nicht zu den Hauptmängeln gehörenden Fehlers oder sichert er eine Eigenschaft des Thieres zu, so finden die Vorschriften der §§. 487 bis 491 und, wenn eine Gewährfrist vereinbart wird, auch die Vorschriften der §§. 483 bis 485 entsprechende Anwendung. Die im §. 490 bestimmte Verjährung beginnt, wenn eine Gewähr-

frist nicht vereinbart wird, mit der Ablieferung des Thieres.

E. I § 411; II § 427; III § 486. Mot. II S. 264, 265. P. II Bd. I S. 748. D. S. 69.

Bei der Viehgewährschaft besteht volle Vertragsfreiheit und es kann deshalb die gesetzliche Haftung durch Vertrag erweitert werden.

I. **Uebernahme der Gewährleistung wegen eines nicht zu den Hauptmängeln gehörigen Fehlers.**

Der Verkäufer kann durch eine besondere, mit dem Käufer getroffene Vereinbarung die Haftung für solche Fehler übernehmen, welche nicht zu den Hauptmängeln gehören; z. B. für Schönblindheit eines Pferdes, Tragsack- und Scheidevorfall einer Kuh.

Es haftet der Verkäufer in diesem Falle dafür, daß das Thier zur Zeit des Gefahrüberganges nicht mit dem Mangel behaftet ist, für dessen Abwesenheit die Garantie übernommen wurde.

II. **Versprechen, wegen aller Fehler haften zu wollen.**

1. Das allgemeine Versprechen des Verkäufers, die Gewährleistung für alle Fehler zu übernehmen, ist nicht bloß auf die Hauptmängel zu beziehen, es haftet demnach der Verkäufer im Zweifel für jeden erheblichen Fehler, der innerhalb der Gewährfrist sich gezeigt hat. (P. II Bd. I S. 731—735, Sten.Ber. S. 288 ff.)

2. Eine derartige Gewährleistung für alle Fehler kann ausdrücklich übernommen werden, sie kann aber auch aus den beim Handel gebrauchten Worten entnommen werden,

z. B. aus den Worten: „Gesund und reell“, „kerngesund“, „vollkommen aufrichtig“, „klar und gerecht“,

„rein und klar", „frisch und gesund", „um und um recht", „ohne Mängel".

(cf. Dieckerhoff S. 123 u. 128.)

Nur liegt hier die Gefahr sehr nahe, daß derartige Ausdrücke im Handelsverkehr als erlaubte, übliche, bloße Anpreisungen und nicht als Garantieübernahme betrachtet werden; es kommt eben in jedem einzelnen Falle auf die näheren Thatumstände und auch auf die in jeder Gegend üblichen Handelsbräuche an, z. B. bei uns im Allgäu wird der Bauer, der beim Verkaufe seines Pferdes sagt: „Der Gaul ist um und um recht", niemals daran denken, daß er nunmehr für alle etwa vorhandenen erheblichen Fehler des Pferdes haften soll.*)

Es ist eben immer auch die Frage zu stellen, ob der Verkäufer wirklich den Willen hatte, mit einer derartigen Aeußerung die Haftung für alle Fehler zu übernehmen.

III. Zusicherung von Eigenschaften.

1. Was ist unter zugesicherter Eigenschaft nicht zu verstehen?

Unter „zugesicherter Eigenschaft" ist nicht die Zusicherung der Freiheit von Hauptmängeln (§ 490 Abs. 1 BGB.), sondern die Zusicherung anderer Eigenschaften als die Freiheit von Hauptmängeln zu verstehen. Es finden also im Falle der Zusicherung der Freiheit von Hauptmängeln nicht die Bestimmungen des § 492 Anwendung, da nach den dortigen Vorschriften die Gewährfrist besonders vereinbart bezw. wenn dies nicht geschehen wäre, der Beginn der Verjährungsfrist anders bestimmt werden müßte, was nicht als in der Absicht der Parteien gelegen zu betrachten ist.

(Vergl. auch § 488 Note 4 a.)

Nach § 492 BGB. beginnt die Verjährung, wenn

*) Zustimmend auch Metsner Chr. a. a. O. S. 18.

eine Gewährfrist nicht vereinbart wird, mit der Ablieferung des Thieres.

Wenn die Zusicherung der Freiheit von Hauptmängeln unter § 492 fallen würde und wenn eine Gewährfrist nicht vereinbart wäre, dann würde die Verjährung gemäß § 492 BGB. mit der Ablieferung des Thieres beginnen.

§ 492 findet nun aber keine Anwendung, d. h. in diesem Falle gilt die gewöhnliche Gewährfrist und die Verjährung beginnt eben mit dem Ende der Gewährfrist und nicht mit der Ablieferung des Thieres.

2. Was ist unter Zusicherung einer Eigenschaft zu verstehen?

Das BGB. steht auf dem Standpunkte des deutschrechtlichen Systems:

Der Verkäufer eines Thieres haftet nur für Hauptmängel und sonst für Nichts; soll von dieser Regel eine Ausnahme gemacht werden, soll der Verkäufer für besondere Eigenschaften des Thieres haften, z. B. dafür, daß die Kuh 15 Liter Milch täglich giebt, dann ist ein doppeltes erforderlich:

Einmal, der Käufer muß den Willen äußern, daß ihm der Verkäufer des Thieres außer für die Hauptmängel auch noch für eine besondere, bestimmte Eigenschaft des Thieres haften solle, sodann: der Verkäufer muß dem Käufer das Vorhandensein dieser Eigenschaft zusichern, d. h. er muß dem Käufer den Willen äußern, gerade für die vom Käufer verlangte Eigenschaft, d. h. für das Vorhandensein derselben, haften zu wollen.

Auf Seite des Käufers muß also der Wille vorhanden sein, sich dem Verkäufer in einer die gesetzliche Haftung übersteigenden Weise zu verpflichten, auf Seite des Verkäufers der entsprechende Verpflichtungswille, d. h. der Wille, eine das gesetzliche Maß übersteigende Haftung zu übernehmen.

Dieser Wille des Verkäufers muß aber auch wirklich

vorhanden sein und dem Käufer gegenüber in einer Weise zum Ausdruck kommen, daß der Käufer keinen Zweifel über den Verpflichtungswillen des Verkäufers haben kann; der Verkäufer muß einfach garantiren wollen.

(cf. auch Mot. II S. 225.)

Man muß m. E. in dieser Hinsicht, um frivole Prozesse abzuschneiden, äußerst streng sein.

Es ist z. B. keine Zusicherung, keine Garantieübernahme, wenn der Käufer sagt: Giebt die Kuh 10 Liter Milch pro Tag? Und es antwortet der Verkäufer darauf: Ja, das giebt sie.

Es muß eben jedem Verkäufer gestattet sein, seine Waare auch anzupreisen.

3. Verkauf eines Thieres zu einem bestimmten Gebrauchszweck enthält nicht die Zusicherung des Verkäufers, daß das Thier zu dem nach dem Vertrag vorausgesetzten Gebrauche tauglich sein müsse.

a) Wenn z. B. ein Pferdehändler einem Offizier ein Reitpferd, einem Fuhrmann ein Wagenpferd, wenn ein Viehhändler einem Bauern einen Zuchtstier verkauft, so ist in der Thatsache dieses Verkaufes allein nicht etwa die Zusicherung, der Haftungswille des Verkäufers dafür zu erblicken, daß das Pferd zum Reiten, zum schweren Zug, der Stier zur Zucht tauglich sein müsse.

(A. M. Scherer a. a. O. § 492 Note VI S. 593.)

Denn daraus, daß z. B. ein Fuhrmann ein Wagenpferd kauft, folgt nicht, daß der Fuhrmann von dem Verkäufer die ausdrückliche oder stillschweigende Haftung dafür verlangt, daß das Pferd gut im schweren Zuge ist, es folgt aber daraus auch nicht, daß der Verkäufer wirklich dafür einstehen, dafür haften will, daß das Pferd gut im schweren Zuge ist.

(Scherer a. a. O. § 459 Note 5 S. 519 u. § 481 Note 7 S. 569 geht hier m. E. entschieden viel zu weit, insbesondere wenn er sagt: „Sobald ein diesbezügliches Wort (Acker-Reitpferd) gebraucht wird, liegt Zusicherung vor.)

Das Gesetz verlangt eben mehr, es verlangt eine Zusicherung von Seite des Verkäufers, ein Garantiren des Verkäufers.

Eine derartige Garantieübernahme ist aber in dem Verkaufe eines Thieres zu einem bestimmten Gebrauchszweck nicht zu erblicken.

Das ergiebt sich schon daraus, daß § 459 BGB. die Begriffe: „Tauglichkeit zu dem gewöhnlichen oder nach dem Vertrag vorausgesetzten Gebrauch" und „Zusicherung von Eigenschaften" streng unterscheidet. Es kommt das schon äußerlich dadurch zum Ausdruck, daß die beiden Begriffe in verschiedenen Absätzen des § 459 BGB. stehen.

So viel steht fest: Hätte der Gesetzgeber den Verkauf eines Thieres zu einem bestimmten Gebrauch als „Zusicherung" betrachtet, dann hätte er das auch zum Ausdrucke gebracht und hätte nicht die beiden Begriffe streng unterschieden.

b) Soll der Verkäufer dem Käufer dafür haften, daß das Pferd zum Ziehen am schweren Wagen oder an der leichten Chaise tauglich ist, so muß der Verkäufer die diesbezügliche Haftung eigens übernommen haben.

Die gegentheilige Ansicht Scherers a. a. O. § 481 Note 7 und Schneiders[1]) a. a. O. S. 160 ff., welch'

---

[1]) Schneider vertritt allerdings eine etwas modifizirte Ansicht, indem er ausführt: der „Gebrauchszweck" enthalte nicht die Zusicherung einer Eigenschaft im technischen Sinne, sondern das sei nur eine zusammenfassende Bezeichnung für die Ausschließung aller dem Gebrauchszwecke widersprechenden Fehler. Es könne deshalb in diesen Fällen nur Wandelung, nicht Schadensersatz verlangt werden.

letzterer übrigens selbst die Zweifelhaftigkeit seiner Ansicht zugiebt, kann ich nicht für richtig halten, denn sie würde zu einer Umgehung der m. E. strikte zu interpretirenden §§ 482 u. 492 BGB. führen und außerdem bei der Dehnbarkeit des Begriffes „Gebrauchszweck" chikanöse Prozesse veranlassen.

Die Befürchtung Schneiders, daß bei Annahme der Unrichtigkeit seiner Ansicht wichtige und durchaus berechtigte Verkehrsinteressen gefährdet seien, ist m. E. nicht begründet. Es soll eben Jeder wissen, daß er beim Viehkauf besondere Vorsichtsmaßregeln anwenden muß; es ist das übrigens den Leuten nichts Neues; denn die meist strengen bisherigen Viehgewährschaftsgesetze haben in dieser Hinsicht bereits erzieherisch gewirkt.

(cf. hierüber auch Dieckerhoff a. a. O. S. 125 u. 126, der in dieser Frage sich unentschieden äußert.)

4. Die Zusicherung muß eine ernste sein, der Verkäufer muß garantiren wollen.

Allgemeine Anpreisungen, wie sie im Handel üblich sind, sind nicht als ernste Zusicherung aufzufassen.

Wenn z. B. der Käufer fragt: „Giebt die Kuh täglich 10 Liter Milch?" und es antwortet der Verkäufer: „Das ist eine großartige Milchkuh, eine bessere kannst Du gar nicht finden", so ist das nur eine Anpreisung, nicht aber die Zusicherung, daß die Kuh 10 Liter Milch gebe;

oder: „das ist ein Prachtgaul, der zieht für 2 andere", so ist darin nicht etwa die Zusicherung zu erblicken, daß der Gaul eine sonst nur 2 Pferden zukommende Zugkraft entwickeln müsse.

Auch der Ausdruck: „Der Gaul ist redlich und recht" bedeutet nur eine allgemeine Anpreisung.

Schneider a. a. O. S. 166 bekundet eine für den Richter nicht genug zu beherzigende Ansicht, daß nämlich die bloße Anpreisung und Marktschreierei streng von der „Zusicherung einer Eigenschaft" zu unterscheiden ist und daß insbesondere eine sog. stillschweigende Zusicherung vom Richter nur nach behutsamster Prüfung der ganzen Sachlage als vorhanden anerkannt werden darf.

5. Vergl. hieher § 488 Note 4 a und b über Schadensersatzansprüche.

6. Ueber den Fall, daß bei einem nur der Gattung nach bestimmten Thier eine Eigenschaft zugesichert wird, vergl. § 491 Note 8.

IV. In den Fällen sub I—III sind zwei Möglichkeiten denkbar:

1. Es ist keine Gewährfrist bedungen.

In diesem Falle finden naturgemäß die Bestimmungen der §§ 482—486 BGB. keine Anwendung, weil diese sämmtlichen Bestimmungen eine Gewährfrist zur Voraussetzung haben.

An Stelle der Gewährfrist tritt hier die 6 wöchentliche Verjährungsfrist, welche mit der Ablieferung des Thieres an den Käufer beginnt, d. h. mit Ablauf des Tages, an welchem der Käufer das Thier so erhielt, daß er es selbst beobachten und untersuchen kann. Es muß also innerhalb dieser Frist der Anspruch auf Wandelung oder Schadensersatz geltend gemacht sein.

Dabei wird, da für den Anfang der Frist ein Ereigniß, d. i. die Ablieferung des Thieres, maßgebend ist, der Tag der Ablieferung gemäß § 187 BGB. nicht mitgerechnet, die Frist endigt jedoch gemäß § 188 Abs. 2 BGB. mit dem Ablauf des dem Tage der Ablieferung korrespondirenden Tages.

Beispiel: Wenn das Thier am 17. Januar 1900 abgeliefert wurde, dann beginnt die 6 Wochen-Frist am 18. Januar 1900 und endigt am 28. Februar 1900.

(§ 193 BGB. ist zu beachten.)

Im Uebrigen finden die Bestimmungen der §§ 487 bis 491 BGB. entsprechende Anwendung: Es kann also auch nur Wandelung verlangt werden, auch wenn das Thier nicht mehr existiert, es kann ferner im Falle der

Zusicherung einer bestimmten Eigenschaft Schadensersatz wegen Nichterfüllung verlangt werden. (§ 463 BGB.) Vergl. oben § 488 Note 4 b,

es gelten die Vorschriften der §§ 487 u. 488 BGB. über die besondern Rechte und Pflichten der Parteien in Folge der Wandelung (cf. oben § 487 IV und § 488 Note 1—3 u. 4 b u. c),

es gelten die Vorschriften über Verjährung, über Kompensationsbefugniß auch nach Ablauf der Verjährung (§ 490 BGB.),*)

es gilt § 491 BGB., wonach statt des mangelhaften Thieres die Lieferung eines mangelfreien Thieres verlangt werden kann.

2. Es ist eine Gewährfrist bedungen.

In diesem Fall finden auch die Bestimmungen der § 483 (der Tag des Gefahrüberganges wird nicht mitgerechnet), § 484 (Vermuthung), § 485 (Anzeigepflicht innerhalb der zweitägigen Frist) Anwendung. Daß die Vorschriften der §§ 487—491 Anwendung finden, ist selbstverständlich.

a) Versprechen, für alle Fehler zu haften. Umfaßt die hiebei vereinbarte Gewährfrist auch die gesetzlichen Fristen für die Hauptmängel?

(cf. Scherer a. a. O. § 492 Note V).

Scherer führt hierüber in zutreffender Weise aus:

„Die Frage ist zu bejahen, insofern hiedurch die gesetzliche Gewährfrist verlängert wird; dagegen zu verneinen, insofern hiedurch die gesetzliche Gewährfrist abgekürzt würde. Denn durch ein solches Versprechen soll die Lage des Käufers verbessert werden. Dies ist die Regel. Die Parteiabsicht kann aber auch eine andere sein."

b) Die Gewährfrist kann ausdrücklich festgesetzt werden, sie kann aber auch aus den Umständen des Falles entnommen werden. Wenn z. B. der Verkäufer einer Kuh dafür gerantirt, daß dieselbe bis 1. Februar 1900 mit

*) cf. hieher oben § 490 III 2 c S. 120.

dem Kalbe kommt, so liegt darin die Vereinbarung einer Gewährfrist, welche mit Ablauf des 1. Februar 1900 endigt. Innerhalb 6 Wochen vom 1. Februar an muß die Klage gestellt werden; außerdem muß natürlich innerhalb zweier Tage nach dem 1. Februar eine der in § 485 BGB. bezeichneten Handlungen vorgenommen worden sein.

Zu letzterem Beispiele mag bemerkt werden, daß, wenn die Kuh mit Ablauf des 1. Februar nicht gekalbt hat, nur Wandelung verlangt werden kann, nicht auch Schadensersatz.

Denn gemäß § 463 BGB. kann Schadensersatz nur dann verlangt werden, wenn dem verkauften Thiere zur Zeit des Kaufabschlusses eine zugesicherte Eigenschaft fehlt.

Daß diese Voraussetzung des § 463 BGB. im Falle einer derartigen Garantie nicht gegeben sein kann, liegt auf der Hand.

c) Wenn Verkäufer dem Käufer dafür garantirt, daß die Kuh binnen einer Gewährfrist von 3 Monaten kalben werde, so beginnt die 3 monatliche Gewährfrist mit dem auf den Tag der Uebergabe folgenden Tage.

Ein anderer Zeitpunkt kann im Hinblick auf die Bestimmung des § 492 BGB. gar nicht in Betracht kommen.

Die Ausführungen Schneiders a. a. O. S. 127, welcher das Vorhandensein einer Gewährfrist im Sinne des § 483 BGB. bestreiten will, sind m. E. nicht zutreffend.

Es liegt eine Gewährfrist im Sinne des § 483 BGB. vor: Verkäufer übernimmt die Haftung dafür, daß die Kuh im Momente des Gefahrüberganges, also der Uebergabe, so beschaffen ist, daß sie binnen einer Frist von 3 Monaten ein Kalb zur Welt bringen kann.

Bei dieser Konstruktion entstehen keine Schwierigkeiten.

d) Garantie für Trächtigkeit allein. Ist bloß

für Trächtigkeit der Kuh garantirt ohne Angabe einer Gewährfrist, so entsteht die Frage, ob nicht die vom Tage des Gefahrüberganges an zu berechnende normale Trächtigkeitsdauer als Gewährfrist zu betrachten ist, so daß erst mit dem auf den letzten Tag der normalen Trächtigkeitsdauer folgenden Tag die Verjährung zu beginnen hat.

Diese Frage ist zu verneinen, da ganz unsichere Rechtsverhältnisse entstehen würden, weil die Trächtigkeitsdauer allzu unbestimmt ist.

Es ist nach § 492 BGB. davon auszugehen, daß in diesem Falle die Verjährung mit der Ablieferung des Thieres beginnt. Es muß also innerhalb 6 Wochen nach dem Tage der Ablieferung Klage gestellt werden.

(cf. Völderndorff a. a. O. S. 131, Sauer-Reuter § 492 Note 6 S. 187; a. M. Dieckerhoff S. 129, der ausführt, es habe der Verkäufer in diesem Falle nicht eine zugesicherte Eigenschaft, sondern eine Verkaufsbedingung, einen nach dem Vertrag vorausgesetzten Gebrauch (§ 459 BGB.) zu vertreten. Ich kann dieser Ansicht nicht beipflichten.)

§. 493.

Die Vorschriften über die Verpflichtung des Verkäufers zur Gewährleistung wegen Mängel der Sache finden auf andere Verträge, die auf Veräußerung oder Belastung einer Sache gegen Entgelt gerichtet sind, entsprechende Anwendung.

E. II § 429; III § 488. P. II Bd. I S. 748.

Die Bestimmungen über Viehgewährschaft finden nicht bloß auf Kaufverträge Anwendung (cf. § 481 BGB.), sondern auch auf andere Verträge, welche auf Veräußerung oder Belastung gegen Entgelt gerichtet sind.*)

---

*) Die Ansicht Endemanns a. a. O. § 361 Note 23, welcher die Anwendung des § 493 auf die Viehgewähr-

a) Es muß sich also um eine **Veräußerung** oder **Belastung** handeln, z. B. Tausch, Hingabe an Zahlungsstatt, Bestellung eines Pfandrechtes, eines Nießbrauches, Vergleich, wenn das Thier Aequivalent für eine Gegenleistung ist, Theilungen.

b) Es muß eine **entgeltliche** Veräußerung oder Belastung sein.

Die Bestimmungen über Viehgewährschaft finden also keine Anwendung bei **unentgeltlichen** Veräußerungen, z. B. Schenkungen, Vermächtnissen, bei Dotation.

Bei der Schenkung ist jedoch Folgendes zu beachten:

α) Verschweigt der Schenker **arglistig** den Fehler des verschenkten Thieres, so ist er verpflichtet, dem Beschenkten den daraus entstehenden Schaden zu ersetzen. (§ 524 Abs. 1 BGB.)

β) Wenn der Schenker die Leistung eines nur der **Gattung** nach bestimmten Thieres — also nicht eines bereits bestimmten Thieres — versprochen hat, das er erst erwerben sollte, so kann der Beschenkte, wenn das Thier fehlerhaft ist, verlangen, daß ihm an Stelle des fehlerhaften Thieres ein fehlerfreies geliefert wird.

Dies kann aber der Beschenkte nur dann verlangen, wenn dem Schenker der Mangel beim Erwerb des Thieres bekannt war oder in Folge grober Fahrlässigkeit unbekannt geblieben ist.

Hat jedoch der Schenker den Fehler arglistig verschwiegen, so kann der Beschenkte statt der Lieferung eines fehlerfreien Thieres Schadensersatz wegen Nichterfüllung verlangen. (§ 524 Abs. 2 BGB.)

Ueber die für die Dotation geltenden gleichen Grundsätze vergl. § 1624 Abs. 2 BGB.

---

schaft ausschließen will, kann ich nicht für richtig halten, cf. auch Planck a. a. O. § 493 Anm., Kuhlenbeck § 493 Note 1.

Anhang.

Anlage I.

Kaiserliche Verordnung, betreffend die Hauptmängel und Gewährfristen beim Viehhandel.

Vom 27. März 1899.

Erläutert von Heinrich Weiskopf, Kgl. Kreisthierarzt der k. Regierung von Schwaben und Neuburg in Augsburg.

Anlage II.

Verzeichniß der sämmtlichen für vorstehende Arbeit angezogenen Paragraphen des Bürgerlichen Gesetzbuches.

Anlage I.

Verordnung, betreffend die Hauptmängel und Gewährfristen beim Viehhandel.

Vom 27. März 1899.

(RGBl. Nr. 13, S. 219/220.)

Wir **Wilhelm**, von Gottes Gnaden Deutscher Kaiser, König von Preußen 2c.

verordnen auf Grund des §. 482 Abs. 2 des Bürgerlichen Gesetzbuchs im Namen des Reichs, nach erfolgter Zustimmung des Bundesraths, was folgt:

§. 1.

Für den Verkauf von Nutz- und Zuchtthieren gelten als Hauptmängel:

I. bei Pferden, Eseln, Mauleseln und Maulthieren:

1. Rotz (Wurm) mit einer Gewährfrist von vierzehn Tagen;
2. Dummkoller (Koller, Dummsein) mit einer Gewährfrist von vierzehn Tagen; als Dummkoller ist anzusehen die allmählich oder in Folge der akuten Gehirnwassersucht entstandene, unheil-

bare Krankheit des Gehirns, bei der das Bewußtsein des Pferdes herabgesetzt ist;

3. Dämpfigkeit (Dampf, Hartschlägigkeit, Bauchschlägigkeit) mit einer Gewährfrist von vierzehn Tagen; als Dämpfigkeit ist anzusehen die Athembeschwerde, die durch einen chronischen, unheilbaren Krankheitszustand der Lungen oder des Herzens bewirkt wird;

4. Kehlkopfpfeifen (Pfeiferdampf, Hartschnaufigkeit, Rohren) mit einer Gewährfrist von vierzehn Tagen; als Kehlkopfpfeifen ist anzusehen die durch einen chronischen und unheilbaren Krankheitszustand des Kehlkopfs oder der Luftröhre verursachte und durch ein hörbares Geräusch gekennzeichnete Athemstörung;

5. periodische Augenentzündung (innere Augenentzündung, Mondblindheit) mit einer Gewährfrist von vierzehn Tagen; als periodische Augenentzündung ist anzusehen die auf inneren Einwirkungen beruhende, entzündliche Veränderung an den inneren Organen des Auges;

6. Koppen (Krippensetzen, Aufsetzen, Freikoppen, Luftschnappen, Windschnappen) mit einer Gewährfrist von vierzehn Tagen;

II. bei Rindvieh:

1. tuberkulöse Erkrankung, sofern in Folge dieser Erkrankung eine allgemeine Beeinträchtigung des Nährzustandes des Thieres herbeigeführt ist, mit einer Gewährfrist von vierzehn Tagen;

2. Lungenseuche mit einer Gewährfrist von achtundzwanzig Tagen;

III. bei Schafen:
Räude mit einer Gewährfrist von vierzehn Tagen;

IV. bei Schweinen:
1. Rothlauf mit einer Gewährfrist von drei Tagen;
2. Schweineseuche (einschließlich Schweinepest) mit einer Gewährfrist von zehn Tagen.

§. 2.

Für den Verkauf solcher Thiere, die alsbald geschlachtet werden sollen und bestimmt sind, als Nahrungsmittel für Menschen zu dienen (Schlachtthiere), gelten als Hauptmängel:

I. bei Pferden, Eseln, Mauleseln und Maulthieren:
Rotz (Wurm) mit einer Gewährfrist von vierzehn Tagen;

II. bei Rindvieh:
tuberkulöse Erkrankung, sofern in Folge dieser Erkrankung mehr als die Hälfte des Schlachtgewichts nicht oder nur unter Beschränkungen als Nahrungsmittel für Menschen geeignet ist, mit einer Gewährfrist von vierzehn Tagen;

III. bei Schafen:
allgemeine Wassersucht mit einer Gewährfrist von vierzehn Tagen; als allgemeine Wassersucht ist anzusehen der durch eine innere Erkrankung oder

durch ungenügende Ernährung herbeigeführte wassersüchtige Zustand des Fleisches;

IV. bei Schweinen:

1. tuberkulöse Erkrankungen unter der in der Nr. II bezeichneten Voraussetzung mit einer Gewährfrist von vierzehn Tagen;
2. Trichinen mit einer Gewährfrist von vierzehn Tagen;
3. Finnen mit einer Gewährfrist von vierzehn Tagen.

Urkundlich unter Unserer Höchsteigenhändigen Unterschrift und beigedrucktem Kaiserlichen Insiegel.

Gegeben Berlin im Schloß, den 27. März 1899.

(L. S.) **Wilhelm.**

Fürst zu Hohenlohe.

Erwägungen des Bundesrathes, welche für die Festsetzung der Hauptmängel maßgebend waren.*)

„Nach § 481 und § 482 Abs. 1 des Bürgerlichen Gesetzbuchs hat bei dem Verkaufe von Pferden, Eseln, Mauleseln und Maulthieren, von Rindvieh, Schafen und Schweinen der Verkäufer nur bestimmte Fehler (Hauptmängel) und auch diese nur dann zu vertreten, wenn sie sich innerhalb bestimmter Fristen (Gewährfristen) zeigen. Für die Festsetzung der Hauptmängel und der Gewährfristen ist durch § 482 Abs. 2 des Bürgerlichen Gesetzbuchs der Weg einer mit Zustimmung des Bundesraths zu erlassenden Kaiserlichen Verordnung vorgesehen. Die in solcher Weise erfolgende Regelung ist nach § 493 des Bürgerlichen Gesetzbuchs ohne Weiteres auch für andere

*) cf. Deutscher Reichsanzeiger v. 5. Juni 1899 Nr. 130.

Verträge maßgebend, die auf Veräußerung gegen Entgelt gerichtet sind.

Der in Frage stehenden Verordnung sind durch das sogenannte deutschrechtliche System, welches den Vorschriften des Bürgerlichen Gesetzbuches über die Gewährleistung wegen Viehmängel zu Grunde liegt, von vornherein bestimmte Grenzen gezogen. Das Wesen des deutschrechtlichen Systems bringt es mit sich, daß ausnahmsweise den Verkäufer die Haftung für einen Mangel im einzelnen Falle treffen kann, obwohl der Mangel für den Handels- oder Gebrauchswerth des Thieres nach Lage der Sache ohne Bedeutung ist. Mit Rücksicht auf die Interessen des Verkäufers wird daher die Verordnung nur solche Fehler zu Hauptmängeln erklären dürfen, welche zufolge ihrer Natur die Eigenschaft haben, die Tauglichkeit und den Werth des Thieres wenigstens für die regelmäßigen Fälle aufzuheben oder erheblich zu beeinträchtigen. Zur Aufnahme unter die Hauptmängel eignen sich ferner diejenigen Fehler nicht, welche von den bei dem Handel mit Vieh betheiligten Personen schon bei mäßiger Aufmerksamkeit sofort zu erkennen sind (zu vergl. § 460 Satz 2 des Bürgerlichen Gesetzbuchs). Das Gleiche gilt von allen Fehlern, bei denen zufolge thierärztlicher Erfahrung der Zeitraum, innerhalb dessen sie entstehen und zu Tage treten, überhaupt nicht allgemein bestimmt werden kann, sondern je nach den Umständen sich gestaltet; denn hier fehlt es an jeder Grundlage für die mit der Festsetzung einer Gewährfrist verbundene Rechtsvermuthung, daß der Mangel, wenn er im Laufe der Frist sich zeige, schon bei deren Beginn vorhanden gewesen sei (§ 484 des Bürgerlichen Gesetzbuchs).

Ungeachtet der aus dem Vorstehenden sich ergebenden Beschränkungen haben in dem vorliegenden Entwurfe die Fehler, welche am häufigsten zu Rechtsstreitigkeiten führen, fast durchweg eine Stelle gefunden. Wo der Entwurf von den bezeichneten Gesetzen abweicht, hat dies seinen

Grund theils in den veränderten Bedürfnissen des Verkehrs, theils in dem heutigen Stande der Thierheilkunde.

Die Hauptmängel sind für die Nutz- und Zuchtthiere (§ 1 des Entwurfs) und für die Schlachtthiere (§ 2) je besonders geregelt. Eine solche Scheidung ist nach dem Bürgerlichen Gesetzbuche zulässig (zu vergl. die Denkschrift zum Entwurf eines Bürgerlichen Gesetzbuchs, Verhandlungen des Reichstages 1895/97 Anlage Bd. 1 S. 634) und auch sachlich gerechtfertigt. Denn durch Fehler, welche den Werth und die Tauglichkeit von Nutz- und Zuchtthieren aufheben oder erheblich mindern, wird häufig die Genießbarkeit des Fleisches nicht wesentlich beeinträchtigt, und umgekehrt. Aus der im Entwurfe vorgesehenen Scheidung ergiebt sich ohne Weiteres, daß der Verkäufer eines unter die §§ 1, 2 fallenden Thieres für die im § 1 bestimmten Mängel nur dann haftet, wenn das Thier als Nutz- oder Zuchtthier, für die im § 2 bestimmten Mängel dagegen nur dann, wenn es als Schlachtthier verkauft wird. Die Vereinbarung über die eine oder die andere Art der Verwendung braucht jedoch nicht ausdrücklich getroffen zu sein; es genügt, wenn die Umstände ergeben, daß bei dem Kaufe beide Theile über diesen Punkt einig waren. Besteht Streit, so trifft die Beweislast nach den allgemeinen Grundsätzen den Käufer. Stellt sich nach dem Abschlusse des Vertrags heraus, daß eine Einigung der Parteien nach der bezeichneten Richtung in Wirklichkeit überhaupt nicht erfolgt ist, so wird gemäß § 155 des Bürgerlichen Gesetzbuchs in der Regel der ganze Vertrag ungültig sein.

Die Dauer der Gewährfristen ist, soweit es die Natur der Fehler gestattet, gleichmäßig geordnet. In keinem Falle ist diese Dauer länger bemessen, als nothwendig erschien, um dem Käufer die Wahrnehmung des Mangels zu ermöglichen. Dabei konnte indessen hinsichtlich der Schlachtthiere nicht außer Betracht bleiben, daß sie vielfach erst in den Zwischenhandel gebracht und auf weite Entfernungen versandt werden, ehe sie zur Abschlachtung gelangen.

Die einzelnen Hauptmängel sind unter den Namen aufgeführt, die ihnen nach dem Sprachgebrauche des Verkehrs und der Thierheilkunde zukommen. Soweit für einen Fehler oder für bestimmte Erscheinungsformen desselben im Verkehre noch andere Bezeichnungen Anwendung finden, sind diese Bezeichnungen in Klammern beigefügt. Außerdem wird aber jeder Hauptmangel, bei dem jene Angaben zur Klarstellung seiner Tragweite noch nicht genügen, durch eine genaue Begriffsbestimmung erläutert. Unter Lungenseuche (§ 1, II, 2) ist die im § 10 Abs. 1 Nr. 5 des Reichsgesetzes, betreffend die Abwehr und Unterdrückung von Viehseuchen, vom 23. Juni 1880/1. Mai 1894 (Reichs-Gesetzbl. 1894 S. 410) zu verstehen.

Von besonderer Wichtigkeit ist die Frage, in welchem Umfange die Tuberkulose als Hauptmangel behandelt werden soll.

Bei der großen Verbreitung dieser Krankheit unter dem Rindvieh und bei der Erweiterung, welche ihr Begriff durch die neuere Wissenschaft erfahren hat, wäre es jedenfalls eine unbillige Härte, wenn denjenigen, welcher Rindvieh als Nutz- oder Zuchtvieh verkauft, die Haftung für Tuberkulose schlechthin treffen würde. Erfahrungsmäßig tritt die Krankheit häufig so leicht auf, daß sie den Gebrauchswerth des Thieres überhaupt nicht oder doch nur unbedeutend mindert. Ebenso sicher aber stellt die Tuberkulose in den höheren Graden ihrer Entwickelung einen erheblichen Fehler dar, und es wäre daher mit dem Zwecke des Bürgerlichen Gesetzbuchs nicht vereinbar, dem Käufer auch hier den Schutz zu versagen. Der Entwurf (§ 1, Nr. II, 1) will eine angemessene Ausgleichung der verschiedenen Interessen herbeiführen, indem er die Haftung des Verkäufers für Tuberkulose bei Nutz- und Zuchtthieren davon abhängig macht, daß durch die tuberkulöse Erkrankung bereits eine allgemeine Beeinträchtigung des Nährzustandes des Thieres herbeigeführt worden ist. Die tuberkulöse Erkrankung umfaßt, wie bei dem heutigen Stande der Thierheilkunde keiner besonderen Hervorhebung mehr bedarf, auch die Perlsucht (Tuberkulose der serösen Häute) und die Skrophulose (Tuberkulose der Lymphdrüsen). Für den Nachweis einer tuberkulösen Erkrankung gelten die allgemeinen Grundsätze des Prozeßrechts. Demgemäß ist hierzu das unmittelbare Auffinden von Tuberkelbacillen nicht erforderlich, vielmehr genügt es, wenn mit den Hülfsmitteln, welche die Wissenschaft bietet, in sicherer Weise festgestellt wird, daß die Erkrankung durch Tuberkelbacillen hervorgerufen ist.

Aehnlich wie bei dem Verkaufe von tuberkulösem Rindvieh zu Nutz- oder Zuchtzwecken liegen die Verhältnisse, wenn Thiere solcher Art als Schlachtthiere veräußert werden. In zahlreichen Fällen ist das Fleisch dieser Thiere der Hauptsache nach ohne Weiteres zum Genusse für Menschen tauglich. Der Entwurf (§ 2, Nr. II, 1) bestimmt deshalb, daß bei dem Verkaufe von Rindvieh als Schlachtvieh die tuberkulöse Erkrankung nur dann einen Hauptmangel bilden soll, wenn infolge der Erkrankung mehr als die Hälfte des Schlachtgewichts nicht oder nur unter Beschränkungen als Nahrungsmittel für Menschen geeignet ist. Eine Beschränkung im Sinne dieser Vorschrift ist namentlich dann gegeben, wenn es besonderer Sicherungsmaßregeln, z. B. des Abkochens, bedarf, um das Fleisch zum Genusse verwendbar zu machen, oder wenn es zwar solcher Maßregeln nicht bedarf, das Fleisch aber gleichwohl seiner Beschaffenheit wegen auf die Freibank verwiesen wird. Der Zustand des Fleisches, welcher hiernach die Voraussetzung der Haftung bildet, läßt sich bei der Schlachtung des Thieres jederzeit mit Leichtigkeit und Bestimmtheit feststellen, und die Vorschrift wird daher zur Abschneidung von Rechtsstreitigkeiten wesentlich beitragen.

Abgesehen von dem Rindvieh, kommt die Tuberkulose nur noch bei Schweinen in Betracht, welche als Schlachtthiere verkauft werden. Ihre Verbreitung ist unter den letzteren allerdings geringer; immerhin haben neuerdings die Fälle, in denen das Fleisch geschlachteter Schweine vernichtet oder nur mit Beschränkungen dem Verkehr überlassen wurde, eine entschiedene Steigerung erfahren. Mit Rücksicht hierauf erscheint es gerechtfertigt, wenn der Entwurf (§ 2 Nr. IV, 1) hier die tuberkulöse Erkrankung unter der im § 2 Nr. II, 1 bezeichneten Voraussetzung gleichfalls als Hauptmangel festsetzt.

Bei Schweinen, welche als Schlachtthiere verkauft werden, sollen außerdem noch Trichinen (§ 2, Nr. IV, 2) und Finnen (§ 2, Nr. IV, 3) als Hauptmängel gelten. Was die Feststellung dieser Mängel im einzelnen Falle betrifft, so wird durch die Fassung des Entwurfs nicht gefordert, daß stets das Vorhandensein einer Mehrzahl von Trichinen oder von Finnen unmittelbar nachgewiesen wird."

Hauptmängel.

A. Für den Verkauf von **Nutz- und Zuchtthieren** gelten als Hauptmängel:

I. bei **Pferden, Eseln, Mauleseln und Maulthieren:**

1. **Rotz** (Wurm). Derselbe verläuft meist langsam und fieberlos — chronischer Rotz —, in seltenen Fällen auch rasch — akuter Rotz —; er ist ansteckend und unheilbar. Man unterscheidet den Nasenrotz und den Hautrotz (Wurm). Die beiden Formen sind oft bei einem und demselben Pferde vereinigt vorhanden. Sichere Merkmale des Nasenrotzes sind: spärlicher, manchmal auch reichlicher, anfangs dünner, schleimiger, grünlichgelber oder weißgrauer Nasenausfluß, welcher an den Nasenrändern anklebt, zu Krusten vertrocknet, zuweilen mit Blut vermischt und in der Regel einseitig ist, aber

auch an beiden Nasenöffnungen vorkommen kann; harte, begrenzte, unempfindliche, am Hinterkiefer anliegende und wenig bewegliche, äußerst selten in Eiterung übergehende Anschwellung der Kehlgangsdrüsen von Haselnuß- bis Hühnerei-Größe und zwar an jener Seite, an welcher der Nasenausfluß vorhanden ist; geröthete oder gelbliche, kleine, harte Knötchen auf der Schleimhaut der Nasenhöhle, besonders auf jener der Scheidewand, aus welchen sich runde, anfangs schwache Geschwürchen mit aufgeworfenem zackigem Rande und schmutzig-graugelbem Grunde bilden, die auch ineinander übergehen und dann als größere, unregelmäßige, buchtige Geschwüre erscheinen können. — Die drei genannten Merkmale müssen nicht gerade vereint vorhanden sein. Auch zwei derselben deuten auf Rotz hin. — Dabei sind die Pferde munter und zeigen Freßlust. — Ausgebildeter Nasenrotz ist leicht zu erkennen.

Als sichere Kennzeichen des Hautrotzes (Wurmes), welcher seinen Hauptsitz in der Haut hat, gelten: runde, schmerzlose, haselnuß- bis walnußgroße, mehr oder weniger zahlreiche Beulen in der Haut der verschiedenen Körperstellen, welche oft durch die angeschwollenen Lymphgefäße perlschnurartig mit einander verbunden sind, bald aufbrechen und sich in Geschwüre mit speckigem Grunde, aufgeworfenen Rändern und jauchiger Absonderung verwandeln. Oefter schwillt zuerst eine Hintergliedmaße an und die Pferde gehen lahm.

Bei dem Nasen- und dem Haut-Rotze kommt meist gleichzeitig der Lungenrotz vor, welcher sich durch zahlreiche kleinere Rotzknötchen oder Rotzknoten in den Lungen bei der Sektion feststellen läßt. Manchmal ist beim Hautrotze auch der Nasenrotz zugegen. Die den Nasen- und den Hautrotz kennzeichnenden Erscheinungen können oft nur spärlich vorhanden sein oder ganz fehlen und es liegt dennoch der Lungenrotz (für sich allein) vor. Solche Pferde fallen durch schlechtes Aussehen bei guter Fütterung, durch mattes, glanzloses Haar, durch beschleunigtes Athmen und schwachen Husten, manchmal auch durch Thränen eines Auges auf. Nach kürzerer oder längerer Zeit gesellt sich zum Lungenrotz gewöhnlich der Nasen- oder Hautrotz, wobei die Krankheit manchmal einen raschen Verlauf annimmt, indem sich reichlicher Nasenausfluß, rasch um sich greifende Geschwüre auf den Nasenschleimhäuten mit Anschwellung der Füße, des Bauches und der Brust einstellen, die Schwäche und Hinfälligkeit überhand nimmt und bald der Tod eintritt.

Wenn wirkliche Rotzgeschwüre auf der Nasenscheidewand oder auf der Haut sich zeigen, dann ist das Pferd rotzkrank, wenn auch alle anderen Erscheinungen fehlen sollten. Volle Gewißheit über das Vorhandensein des Rotzes giebt in manchen Fällen lediglich die Sektion, bei welcher sich die hauptsächlichsten krankhaften Veränderungen in den Lungen und in den Bronchialdrüsen vorfinden. — Bei Eseln, Mauleseln und Maulthieren nimmt der Rotz gewöhnlich einen raschen Verlauf.

2. **Dummkoller** (Koller, Dummsein). Als solcher ist anzusehen die allmählich oder in Folge der akuten Gehirnwassersucht entstandene, unheilbare Krankheit des Gehirns, bei der das Bewußtsein herabgesetzt ist. — Der Dummkoller äußert sich in Störungen des Bewußtseins, der Vorstellung, des Willens und der Empfindung. Vorstellung und Bewußtsein des Pferdes sind in verschiedenem Grade gestört, herabgesetzt, oder, wie in den höchsten Graden, ganz aufgehoben. Die Willensthätigkeit ist geschwächt. Bei dem dummkollerigen Pferde sind folgende Erscheinungen wahrzunehmen: der Puls ist langsamer, der Blick ist stier, blöde, völlig ausdruckslos; die Augen sind oft halb geschlossen und es besteht ein schläfriges Verhalten; der Kopf wird gesenkt gehalten oder auf den Barren gestützt; die Stellung der Gliedmaßen ist öfter eine widernatür-

liche, ebenso das Heben derselben bei der Bewegung. Solche Pferde kümmern sich nicht um ihre Umgebung, lassen ein falsches Ohrenspiel erkennen, sind faul und träge, schwer oder gar nicht rückwärts zu bewegen, treten auf Aufforderung nicht oder nur langsam rechts oder links; sie lassen sich auf die Krone treten, in die Ohren greifen, vor die Stirne schnellen, in die Flanken kneipen und spüren diese Eindrücke oder auch das Antreiben mit der Peitsche nicht oder nur in geringem Grade; sie legen sich bei der Bewegung stark auf das Gebiß, sind schwerer lenksam und gehen ohne Führung zuweilen von der Fahrstraße ab. Nicht selten sind sie bei Geräusch oder beim Klatschen sehr schreckhaft, fahren zusammen und zittern. Dummkollerige Pferde nehmen das niedrig gelegene Futter lieber auf und fressen nicht anhaltend mit hochgehaltenem Kopfe; sie ziehen eine Partie Heu von der Raufe herab und verzehren es vom Boden oder vom Barren. Bei der Aufnahme des Heues und des Kurzfutters kauen sie öfter plötzlich langsamer und unterbrechen auch zeitweise das Kauen ganz. Bei der Getränkaufnahme tauchen sie das Maul tiefer, oft bis über die Nasenlöcher in das Wasser oder berühren mit geschlossenem Maule nur die Oberfläche des Wassers. Auch Untugenden, wie Beißen, Schlagen ꝛc. sind nicht selten bei solchen Pferden wahrzunehmen. — Zuweilen tritt eine Verminderung (scheinbare Besserung) der Erscheinungen auf; der Dummkoller ist jedoch immer von lebenslänglicher Dauer. — Einzelne Symptome sind bei der Beurtheilung des Dummkollers nicht maßgebend und es müssen alle Erscheinungen in ihrer Gesammtheit berücksichtigt werden, wobei zu beachten ist, daß verschiedene Erscheinungen oft fehlen oder weniger ausgeprägt sein können, wie auch einzelne dem Dummkoller zukommende Erscheinungen vorliegen können, ohne daß der Dummkoller besteht.

Der Dummkoller beruht in einer chronischen Wassersucht der Gehirnkammern; außerdem können verschiedene krankhafte Prozesse im Gehirn das Bewußtsein des Pferdes herabsetzen und das Bild des Dummkollers erzeugen. Aus der akuten Gehirnwassersucht kann sich ebenfalls der Hauptmangel entwickeln und es fällt in diesem Falle der Anfang des Dummkollers mit dem Ende der akuten Gehirnwassersucht zusammen. — Auf die Verminderung der Gebrauchsfähigkeit, welche beim Dummkoller immer vorhanden ist, wenn auch die Pferde noch zu gewissen Diensten längere Zeit benutzt werden können, ist besonderes Gewicht zu legen.

Um den Dummkoller festzustellen, wird es nöthig, das Pferd bis zum Schweißausbruche zu fahren oder zu reiten; nicht selten wird eine wiederholte Untersuchung und zwar mehrere Tage später nothwendig.

Der Dummkoller kann mit Gehirnkongestion und Gehirnentzündung, Magen- und Leberkoller, Samen- und Mutterkoller, Stätigkeit, mit Affektionen in Folge des Zahnwechsels ꝛc. verwechselt werden.

3. **Dämpfigkeit** (Dampf, Hartschlägigkeit, Bauchschlägigkeit). Als solche ist anzusehen die Athembeschwerde, die durch einen chronischen, unheilbaren Krankheitszustand der Lungen und des Herzens bewirkt wird.

Das Leiden verläuft fieberlos; die Athembeschwerde steht zur verlangten Dienstleistung in gar keinem Verhältniß. Die Athembeschwerde offenbart sich in der sehr gesteigerten Zahl der Athemzüge, in einer mühsamen, deutlich angestrengteren Athmung, welche sich durch eine stoßende, pumpende Thätigkeit der Bauchpresse und durch eine rinnenartige Vertiefung (Dampfrinne) längs den falschen Rippen, sowie durch ein Heben und Senken in den Flanken und Hervordrängen des Afters zu erkennen giebt. Die Athembeschwerde charakterisiert sich noch durch das frühere Eintreten in einem ungewöhnlichen Grade bei der Bewegung und durch die langsamere Beruhigung des

Athmens nach derselben. Dumpfer, matter Husten ist häufig im Zustande der Ruhe, manchmal auch während der Bewegung wahrzunehmen.

Die Ursachen der Dämpfigkeit sind: chronische Lungenkrankheiten: wie Lungenemphysem, Schwund des Lungengewebes, Veränderungen in Folge vorausgegangener Lungenentzündung oder chronische Herzkrankheiten, Herzvergrößerung, Klappenfehler, überhaupt Herzfehler. Die Untersuchung auf Dämpfigkeit ist nach vorausgegangener Ruhe vorzunehmen und zwar sowohl im Zustande der Ruhe, wie in der Bewegung (Fahren, Reiten). Bei der Untersuchung im Fahren empfiehlt es sich ein zweites gesundes Pferd von beiläufig gleicher Körperstärke hinzu zu spannen. Auch ist das Geschirr in Betracht zu ziehen.

4. **Kehlkopfpfeifen** (Pfeiferdampf, Hartschnaufigkeit, Rohren). Als solches ist anzusehen die durch einen chronischen, unheilbaren Krankheitszustand des Kehlkopfs und der Luftröhre verursachte und durch ein hörbares Geräusch gekennzeichnete Athemstörung.

Die mit diesem Leiden behafteten Pferde athmen im Zustande der Ruhe mit wenigen Ausnahmen, gewöhnlich regelmäßig. In der Bewegung (Laufen oder schweres Ziehen, hauptsächlich bergauf) lassen sie dagegen früher oder später in einem mit der Anstrengung steigenden Grade ein erschwertes, anstrengendes, mit einem eigenthümlich pfeifenden oder rohrenden Geräusche verbundenes Athmen erkennen, welches beim Heraufnehmen des Kopfes um so schneller und stärker hervortritt und bei welchem die Nasenöffnungen stark erweitert werden. Nach der Bewegung verschwinden die Geräusche mehr oder weniger schnell; sie dauern selten länger als fünf Minuten. Die Geräusche selbst sind verschieden und am stärksten bei Erstickungsgefahr.

Das Leiden entwickelt sich in der Regel langsam, in seltenen Fällen, z. B. nach vorausgegangenen akuten Krankheiten der Luftwege, der Halsbräune 2c. recht schnell. Die Ursachen des Fehlers haben ihren Grund in einem Schwunde der Kehlkopfmuskeln und einer Erkrankung des **nervus recurrens** (linkerseits) oder in einer mechanischen Beengung des Kehlkopfes und der Luftröhre in Folge verschiedener krankhafter Zustände dieser Gebilde.

Beim Reiten im gesammelten Galopp tritt das Pfeifen am frühesten hervor. Das Geschirr (der Sattel), hauptsächlich der Kehlriemen sind vor der Untersuchung des Pferdes genau zu prüfen.

6. **Periodische Augenentzündung** (innere Augenentzündung, Mondblindheit). Als solche ist anzusehen die auf inneren Einwirkungen beruhende, entzündliche Veränderung an den inneren Organen des Auges. Die Krankheit äußert sich durch: erhöhte Empfindlichkeit des kranken Auges gegen das Licht (Lichtscheue), Schmerzhaftigkeit, Schließen der Augenlider, Verengerung des Schlochs (Pupille), starke Thränenabsonderung, Röthung der Bindehaut, Trübung der wässerigen Feuchtigkeit in der vorderen Augenkammer, Auftreten von flockigem Gerinnsel in derselben, Trübung der durchsichtigen Hornhaut, welche einen schieferblauen Schimmer zeigt. Die Entzündungserscheinungen treten plötzlich ohne äußere Veranlassung auf, dauern einige Tage, manchmal auch zwei oder drei Wochen und kehren in kürzeren oder längeren unbestimmten Zwischenräumen wieder. Gewöhnlich ist nur ein Auge ergriffen, welches schließlich völlig erblindet (grauer Staar), worauf meist der Krankheitsprozeß am anderen, bisher gesunden Auge hervortritt. Meist sind bei der Krankheit die Regenbogen- und Aderhaut vorherrschend ergriffen. Auf die periodische Wiederkehr des Anfalls ist Werth zu legen. Es darf das Vorhandensein der periodischen Augenentzündung nicht auf den vorübergehenden Anfall beschränkt werden, vielmehr ist in der

freien Zwischenzeit ein solches Pferd auch als mit diesem Leiden behaftet anzusehen. Eine Augenentzündung, welche auf äußeren Einwirkungen beruht, kann nicht als eine periodische angesehen werden.

Absichtliche Täuschungen werden nicht selten vorgenommen, indem einerseits dieser Hauptmangel nachzuahmen, andererseits die wirklich vorhandene periodische Augenentzündung zu verstecken gesucht wird.

6. **Koppen** (Krippensetzen, Aufsetzen, Freikoppen, Luftschnappen, Windschnappen). Das Koppen der Pferde ist eine Untugend, die in willkürlichem Abschlucken von Luft, für sich oder mit Speichel zu Schaum gemischt, besteht. Bei dem Koppen benehmen sich die Pferde verschieden; manche setzen die Schneidezähne auf Gegenstände verschiedener Art, auf den Rand der Krippe (Krippensetzer), auf die Kette, auf ihr eigenes Knie auf; andere beißen auf den Rand der Krippe (Krippenbeißer) oder auf einen anderen Gegenstand; andere nehmen den Gegenstand zwischen die Zähne; andere stützen sich mit den Zähnen nicht auf einen Gegenstand, sondern nicken nur mit dem Kopfe (Luft- oder Freikoppen) beim Stehen oder beim Reiten oder Fahren; wieder andere schlagen mit der Zunge. Bei dem Koppen wird das Athmen unterbrochen und unter sichtbarer Zusammenziehung der am vorderen Halsrande gelegenen Muskeln der Kehlkopf nach unten fixirt, der Schlundkopf gehoben und geöffnet, worauf sich der Letztere mit Luft füllt, welche theils nach vorn entweicht, theils abgeschluckt wird, wobei ein oder zwei Koppertöne, eigenthümliche, dem Rülpsen ähnliche Geräusche erzeugt werden. Je nach der Fertigkeit wird viel oder wenig Luft verschluckt; in ersterem Falle können die Pferde am Hinterleibe aufgetrieben und voll erscheinen. Manche Pferde koppen nur zu einzelnen Zeiten, einige nur beim Fressen, andere nach demselben, andere nur beim Müßigstehen im

Stalle vor leerem Barren und leerer Raufe. Vielfach koppen Pferde ganz leidenschaftlich zu jeder Zeit, bei jeder Gelegenheit und besitzen eine große Virtuosität in dieser Untugend. Gewisse Pferde koppen nur, wenn sie das Kummet tragen, andere unterlassen das Koppen, sobald sie sich beobachtet sehen. Bei Erkrankungen hört das Koppen auf.

Die Erkenntniß dieser Untugend, welche gewöhnlich aus Langeweile oder Nachahmung hervorgeht, läßt sich nur aus dem Wahrnehmen des Koppens selbst mit Sicherheit stellen; denn Abreibungen der Schneidezähne kommen nur bei Krippensetzern, nicht aber bei Krippenbeißern und Luftkoppern vor und sind auch dort nicht verlässig. Das Koppen kann auch künstlich auf verschiedene Weise unterdrückt werden. Es beeinträchtigt die Verdauung und die Ernährung des Pferdes und veranlaßt die im Stalle befindlichen jungen Pferde zur Nachahmung.

II. bei **Rindvieh:**

1. **Tuberkulöse Erkrankung,** sofern in Folge dieser Erkrankung eine allgemeine Beeinträchtigung des Nährzustandes des Thieres herbeigeführt ist. Die Tuberkulose ist eine langwierige Infektionskrankheit, welche sich durch Ausbildung von Tuberkeln in den Lungen, auf dem Brust- und Bauchfelle, in den dazu gehörigen Lymphdrüsen und in anderen Organen kennzeichnet. In der Hälfte aller Fälle sind die Lungen und das Brust- und Bauchfell gleichzeitig tuberkulös, in etwa einem Drittel die Lungen allein, in etwa einem Fünftel nur die serösen Häute (Brust- und Bauchfell) allein.

Die Tuberkulose der Lungen giebt sich zu erkennen durch einen matten, kurzen, dumpfen, stoßweise erfolgenden, quälenden Husten, welcher gewöhnlich in der Frühe, nach dem Aufstehen, nach dem Tränken und nach der Bewegung am stärksten ist; durch erschwerte und beschleunigte Athmung, krankhafte Geräusche in der Brusthöhle; selten durch Nasenausfluß, durch Entleerung schleimig-eiteriger Massen beim Husten (Auswurf). Bei langer Dauer der Krankheit werden die Haare glanzlos und struppig, die Haut wird fest, derb und ist von der Unterhaut schwer abhebbar; es geht der Ernährungszustand zurück, der Appetit läßt allmählich nach und auch bei Kühen die Milchergiebigkeit. Hierzu gesellen sich Verdauungsstörungen.

Bei der Tuberkulose des Brust- und Bauchfells sind meist äußerliche Merkmale nicht vorhanden; zuweilen lassen sich in der Brusthöhle Reibungsgeräusche (Perlenreiben) wahrnehmen. Häufiger zeigen die Thiere auffallende Vermehrung des Geschlechtstriebes (Stiersucht), brüllen fortgesetzt und es nehmen die weiblichen Rinder nicht auf.

Der Ernährungszustand ist oft trotz ausgedehnter tuberkulöser Veränderungen lange Zeit noch ein recht guter, namentlich bei der Tuberkulose des Brust- und Bauchfells. Bei vorgeschrittener Tuberkulose setzen die Thiere auch bei guter Ernährung kein Fleisch an, verwerthen das Futter schlecht und magern ab. Es vergrößern sich die Lymphdrüsen, namentlich die äußerlich gelegenen, bei der Lungentuberkulose. Durch die mikroskopische Untersuchung der Milch bei Eutertuberkulose und des Scheidenausflusses bei Tragsacktuberkulose, des Auswurfs läßt sich die Tuberkulose bakteriologisch nachweisen. — Bei der Tuberkulose des Brust- und Bauchfells treten die Erscheinungen der Stiersucht und die Neigung zum Verwerfen weiblicher Thiere mehr in den Vordergrund und der Nachweis der tuberkulösen Wucherungen des Bauchfells kann häufig mit der Hand vom Mastdarm aus oder äußerlich unter den falschen Rippen erbracht werden. — Diese Krankheiten kommen als Hauptmangel nur dann zur Geltung, wenn durch sie eine allgemeine Beeinträchtigung des Nährzustandes des Thieres herbeigeführt ist. Der Umstand, daß sich das Thier bei der Untersuchung als mit der Tuberkulose behaftet erweist, verpflichtet den Verkäufer noch nicht zur Zurücknahme desselben. Sofern das Thier zwar tuberkulös, jedoch gut genährt ist und den guten Ernährungszustand während der Gewährszeit beibehält, hat der Veräufer eine Gewähr nicht zu leisten. Erst wenn das Thier in Folge der Tuberkulose in seinem Ernährungszustande allgemein beeinträchtigt, also allgemein mager ist oder während der Gewährszeit eine allgemeine Beeinträchtigung des Ernährungszustandes wahrnehmen läßt, wird der Verkäufer gewährspflichtig. Eine durch große Milchergiebigkeit herbeigeführte Beeinträchtigung des Nährzustandes gehört nicht hierher.

2. **Lungenseuche.** Dieser Hauptmangel ist eine dem Rinde eigenthümliche, langsam verlaufende, ansteckende Entzündung der Lungen, welche sich durch folgende Merkmale zu erkennen giebt: anfangs trockener, später dumpfer, heißer und schmerzhafter Husten, beschleunigtes und angestrengtes Athmen, wechselnde Wärme und Kälte der Körperoberfläche, Verminderung der Freßlust und des Wiederkauens, sowie der Milchabsonderung bei Kühen; nach kürzerer oder längerer Zeit: beschleunigter Puls; trockenes Flotzmaul; Athmungsbeschwerde; vollständiges Darniederliegen der Freßlust und des Wiederkauens; schmerzhaftes Stöhnen beim Drucke auf die Brustwand; glanzloses, gesträubtes Haar. Die Thiere stehen mit vorgestrecktem Kopfe, aufgesperrten Nasenflügeln und auseinander gesetzten Vorderfüßen; sie legen sich gar nicht oder nur auf kurze Zeit mit unterschlagenen oder nach vorn gestreckten Füßen. In höherem Grade der Krankheit geschieht das Athmen stöhnend und mit geöffnetem Maule; der Husten ist kraftlos und häufig, wobei bisweilen Schleim ausgeworfen wird. Die Rinder

magern immer mehr ab, zeigen Durchfall, knirschen mit den Zähnen und gehen an Entkräftung oder Erstickung zu Grunde. Hochträchtige Kühe verwerfen gewöhnlich.

Werden die Thiere in Folge der Krankheit geschlachtet oder verenden dieselben, so finden sich die unzweifelhaftesten Merkmale der Lungenseuche in der Brusthöhle. Meist ist nur eine Lunge erkrankt, sehr groß, hart und an den Rippen angeklebt, schwer, 15 kg und mehr wiegend. Zuweilen sind beide Lungen angegriffen. Beim Einschneiden in die kranke Lunge zeigt sie sich fest, speckartig und es sieht die Schnittfläche wie marmorirt aus. Außerdem enthält die Brusthöhle gewöhnlich noch gelbliches Wasser und käsige Massen, welche auf dem Lungen- und Rippenfelle aufgelagert sind. — Die Lungenseuche kann verwechselt werden mit der einfachen und der Fremdkörper-Lungenentzündung, mit der Tuberkulose rc. — Das Fleisch lungenseuchekranker Thiere, welche frühzeitig geschlachtet werden, ist genießbar, darf jedoch erst nach dem Erkalten verwerthet werden.

III. bei Schafen:

Räude. Die Schafräude ist ansteckend, wird durch ein kleines, in der Regel mit bloßem Auge nicht erkennbares Thierchen, die Räudemilbe, veranlaßt und läßt sich bestimmt nur durch den Nachweis der Räudemilben feststellen. Schafe, welche mit der Räude behaftet sind, reiben sich an festen Gegenständen, kneipen mit den Zähnen, schlagen mit den Füßen und geben ein heftiges Juckgefühl zu erkennen. Sie bebbern beim Kratzen. Namentlich sind diese Erscheinungen an wärmeren Tagen wahrzunehmen, während sie an feuchten Tagen, bei Regenwetter mehr zurücktreten. An gewissen Stellen der Haut finden sich kleine Knötchen, Bläschen und Pusteln, welche sich mit einem gelblichen Schorfe und mit Krusten bedecken, mit welchen die gelockerte Wolle leicht abgehoben werden kann.

Im weiteren Verlaufe stehen an den erkrankten Stellen Wollflocken über das Vließ hervor und fallen aus, wodurch sich kahle Stellen und Lücken im Vließe bilden, an welchen die Haut verdickt, rissig und schrundig oder aufgedunsen und nässelnd ist. — Durch das lästige Juckgefühl sind die kranken Schafe in beständiger Unruhe. Die Krusten werden in Folge der Verletzungen beim Reiben blutrünstig, die Kahlheit schreitet immer weiter, es tritt Abmagerung ein und die Schafe gehen an Wassersucht, Schwächezuständen oder Erschöpfung ein. — Das Fleisch räudekranker Schafe, welche noch nicht abgemagert sind oder nicht kurz vor der Schlachtung mit in das Fleisch übergehenden, gesundheitsschädlichen Mitteln gebadet wurden, ist genießbar.

IV. bei Schweinen:

1. **Rothlauf.** Die Krankheitszeichen des Rothlaufs sind folgende: Die Schweine fiebern plötzlich, sind nicht mehr munter, dabei appetitlos, verkriechen sich in die Streu oder stecken den Kopf in dieselbe, zeigen schwankenden Gang, große Mattigkeit und Schleimausfluß aus der Nase und den Augen. Der Koth ist anfangs hart, später weich oder flüssig. Schon am zweiten Tage treten die eigenthümlichen rothen Flecken am Bauche, auf der inneren Fläche der Hinterschenkel, an den Ohren und am Halse auf, welche sich bald dunkler färben, graublau werden und sich mit Bläschen, Geschwüren und Schorfen bedecken. Nicht selten sind Flecken und Geschwüre gar nicht vorhanden. Es treten Krämpfe, Zähneknirschen, Lähmungen ein und es erfolgt der Tod unter den Erscheinungen der Lungenlähmung.

Die Krankheit dauert einige Stunden bis zu drei Tagen, bei chronischem Verlaufe acht bis zehn Tage. — Die Krankheit ist ansteckend und wird durch einen Pilz, den Stäbchenrothlaufbacillus, hervorgerufen. 50% bis 85% der erkrankten Schweine verenden.

2. **Schweineseuche** (einschließlich **Schweinepest**). Dieselbe hat in ihren Erscheinungen viel Aehnlichkeit mit dem Rothlauf der Schweine und besteht in einer ansteckenden Lungen-, Darm-Entzündung. Die Krankheitszeichen sind verschieden, je nachdem mehr die Lungen oder die Gedärme vorherrschend ergriffen sind. Hauptsächlich sind es folgende: Fieber, Appetitlosigkeit, Thränen der Augen, schwankender Gang, große Schwäche; öfter bestehen: schmerzhaftes, erschwertes und vermehrtes Athmen, Husten, röthlichbrauner, eiteriger und schaumiger Nasenausfluß, Durchfall, Ausschlag an verschiedenen Körperstellen, namentlich am Halse, am Kopfe und am Rücken, blaurothe Färbung der Ohren, rothe Flecken an verschiedenen Stellen des Körpers. — Die Krankheit verläuft entweder rasch mit einer Dauer von wenigen Stunden bis drei Tagen, oder langwierig und endet nach mehreren Wochen mit dem Tode.

Die Schweinepest geht mit nahezu gleichen Erscheinungen einher. Oefter stellen sich bei ihr Geschwüre an der Zunge, am Gaumen, sowie an der Backenschleimhaut ein. Der Tod bei dieser schlimmsten Schweinekrankheit erfolgt nach acht bis zehn Tagen. Bei der Sektion gefallener Schweine finden sich diphtheritische Geschwüre im Darmkanal, namentlich im Dickdarm, Anschwellung und Verkäsung der Gekrösdrüsen.

B. Für den Verkauf solcher Thiere, die alsbald geschlachtet werden sollen und bestimmt sind, als Nahrungsmittel für Menschen zu dienen **(Schlachtthiere)** gelten als Hauptmängel:

I. **bei Pferden, Eseln, Mauleseln und Maulthieren:**

Rotz (Wurm). (Vergleiche A I, 1.) Die krankhaften Veränderungen des Rotzes finden sich auf der Schleimhaut der Nasenhöhlen, des Kehlkopfes und der Luftröhre in Form von Rotzknötchen oder Rotzgeschwüren, in den Lungen in Form von Rotzknötchen von Hirsekorngröße und von verschieden großen Rotzknoten verschiedenen Alters, auch von Rotzgewächsen und Rotzcavernen, auf der Haut in Form von verschieden großen Knoten und Geschwüren. — Die Rotzknoten in den Lungen können verkäst, verkalkt oder abgekapselt sein;

II. **bei Rindvieh:**

tuberkulöse Erkrankung, sofern in Folge dieser Erkrankung mehr als die Hälfte des Schlachtgewichts nicht oder nur unter Beschränkungen als Nahrungsmittel für Menschen geeignet ist. Die tuberkulöse Erkrankung betrifft in der Hauptsache die Lungen, das Brust- und Bauchfell und die Lymphdrüsen, auch die Leber, Milz, Nieren, Hoden, Eierstöcke, den Tragsack, den Darm, das Euter, Gehirn und Rückenmark. — In den Lungen finden sich stecknadelknopfgroße, gelbweiße, feste und wenig durchscheinende Knötchen (Tuberkel), welche beim Durchschneiden hervortreten, auch auf der Oberfläche der Lungen vorkommen. Dieselben verkäsen und verkalken mit der Zeit. Nicht selten bilden sich aus zahlreichen Knötchen verschieden große Knoten. Auch finden sich käsige Herde, Cavernen und Verödung des Lungengewebes in Folge von Schrumpfung vor.

Auf dem Brust- und Bauchfell werden sehr kleine, hellgraue Knötchen (Perlen) wahrgenommen, welche sich wieder durch Zusammenfließen zu größeren Knötchen und Knoten ausbilden. Die Perlknoten zeigen sich als zottige, warzenähnliche, maulbeerförmige, traubenartige, blumenkohlähnliche, breite oder gestielte Gebilde. — Die Bronchialdrüsen sind regelmäßig vergrößert, geschwellt und mit Tuberkeln besetzt, häufig auch die Mittelfelldrüsen; desgleichen öfter die verschiedenen anderen Lymphdrüsen des Körpers. — Bei Eutertuberkulose besteht Anfangs eine feste Anschwellung, später bilden sich Knoten im Euter, welche gleichfalls verkäsen und verkalken.

Findet sich bei der Schlachtung des Rindes die Tuberkulose lokalisirt — nur in einer Körperhöhle — und im ersten Stadium der Entwicklung, so werden die kranken Organe beseitigt und das Fleisch darf zum menschlichen Genusse verkauft werden.

Das Fleisch von Rindern, die an allgemeiner (generalisirter) — in mehreren Körperhöhlen — und vorgeschrittener Tuberkulose leiden und dabei gleichzeitig Abmagerung zeigen, dann solches Fleisch, welches selbst tuberkulöse Herde enthält (Lymphdrüsen), ist als gesundheitsschädlich zu erachten und vom menschlichen Genusse auszuschließen. — Dasselbe darf weder feilgeboten noch verkauft werden.

Je nach Ausbreitung, Stadium und Intensität der Krankheitserscheinungen und je nach dem allgemeinen Ernährungszustande des Rindes kann das Fleisch unter bestimmten Bedingungen und Beschränkungen dem Verkehre überlassen und zum menschlichen Genusse verkauft werden.

Ist sonach in Folge der Tuberkulose mehr als die Hälfte des Fleisches nicht oder nur unter Beschränkungen (z. B. auf der Freibank oder zum Hausgebrauche) als Nahrungsmittel für Menschen geeignet, so tritt die Währschaft in Geltung.

Wird das Fleisch eines bei der Schlachtung tuberkulös befundenen Thieres ganz oder mehr als die Hälfte davon als ungenießbar für Menschen erklärt oder auf die Freibank verwiesen oder nur zum Hausgebrauche, in gekochtem Zustande zum Genusse zugelassen, so ist der Verkäufer gewährspflichtig. Konnte jedoch die Hälfte des Fleisches, z. B. die Vorderviertel, oder weniger hiervon zum Genusse für den Menschen unter gewissen Beschränkungen geeignet erklärt werden, so ist der Verkäufer nicht haftpflichtig. Werden die sämmtlichen Eingeweide oder nur die Lungen und die Leber als ungenießbar bei der Fleischbeschau beseitigt, das übrige Fleisch aber zu unbeschränktem Genusse freigegeben, so hat der Verkäufer keinerlei Entschädigung, auch nicht für die beseitigten Organe zu leisten.

Unter **Schlachtgewicht** versteht man beim Rinde das Gewicht des Fleisches seiner vier Viertel, also das Gewicht eines vollständig ausgebluteten, ausgeweideten und abgehäuteten Thieres nach Wegnahme des Kopfes und der vier Beine bis zur Vorderfußwurzel, bezw. bis zum Sprunggelenk der Hintergliedmassen. Kopf, Füße und Eingeweide gelten als Abfälle. Unschlitt und Haut werden besonders gewogen.

Nachdem die Tuberkulose bei Schlachtthieren (Rindern und Schweinen) unter gewissen Voraussetzungen als Gewährsmangel gilt, die Schlachtungen dieser Thiergattungen häufig recht zahlreich in großen Schlachthäusern erfolgen und die zu diesen Gattungen gehörigen Stücke nicht selten von gleicher Rasse, Farbe, ebenso im Aussehen und in den Abzeichen gleich oder ohne die letzteren sind (z. B. einfarbige Rindviehstücke, bayerische oder englische Schweine), so können leicht Verwechselungen der von verschiedenen Besitzern gekauften Stücke eintreten und kann im Falle des Vorhandenseins eines Gewährfehlers der unrechte Verkäufer zur Haftung angehalten werden. Erfahrungsgemäß kommt es nicht selten vor, daß gerade in solchen Fällen die zahlungsfähigen Verkäufer aufgesucht werden. Neben der genauen Aufnahme des Signalements des Thieres ist es rathsam, Rindviehstücke durch einen Brand oder ein Zeichen an den Hörnern, Schweine durch ein farbiges Zeichen oder durch Einschnitte oder Anbringung von kleinen Löchern an den Ohren vor dem Verkaufe zu kennzeichnen.

III. **bei Schafen:**

allgemeine Wassersucht. Als solche ist anzusehen der durch eine innere Erkrankung oder durch ungenügende Ernährung herbeigeführte wassersüchtige Zustand des Fleisches. — Die mit diesem Fehler behafteten Schlachtthiere sind blutarm. Das Blut ist von wässeriger Beschaffenheit, das Unterhautbindegewebe ist wässerig durchfeuchtet oder mit Wasser durchsetzt. Das Fleisch ist feucht, schlaff, blaß und sülzig. In der Brust- und Bauchhöhle, im Herzbeutel, in den Gehirnhöhlen oder zwischen den Gehirnhäuten und im Rückenmarkskanal findet sich öfter eine helle oder gelbliche Flüssigkeit vor;

IV. **bei Schweinen:**

1. **tuberkulöse Erkrankung** unter der in Nr. II bezeichneten Voraussetzung (vergleiche B II).

Die tuberkulösen Veränderungen finden sich in den Lungen und auf dem Brust- und Bauchfelle, häufig auch im Darme (käsige Darmentzündung) geschlachteter Schweine vor; daneben bestehen auch Schwellung und Verkäsung der Bronchialdrüsen und bei allgemeiner Tuberkulose sind auch die Leber oder Milz, Nieren, Hoden, andere Lymphdrüsen, die Knochen, Gelenke und Muskeln 2c. ergriffen. — Bezüglich der Beurtheilung des Fleisches tuberkulöser Schweine gilt das bereits unter B II Erwähnte.

Unter Schlachtgewicht versteht man beim Schweine das Gewicht der beiden Körperhälften unter Ausschluß von Eingeweiden, vom Blute und der Borsten. Kopf und Füße werden, weil sie werthvoll sind, mit dem Fleische gewogen und gelten als Fleisch oder sind demselben gleichwerthig. Mindestens gleichwerthig mit dem Fleische ist auch das Fett (Schmeer).

2. **Trichinen.** Dieselben sind kleine, faden-

förmige Rundwürmer (Fadenwürmer), welche in Muskeltrichinen und Darmtrichinen unterschieden werden. Die ersteren stellen die Larvenform der Darmtrichinen vor und liegen in den Muskeln in ovalen oder runden Kapseln schlangenartig, bretzelförmig, spiralig oder ringartig aufgerollt. Sie kommen vorzugsweise in den Zwerchfellpfeilern, der Zunge, in den Kau-, Schläfen-, Augen-, Kehlkopfs-, Zwischenrippen-, Hals-, Rumpf- und Zwillingsmuskeln, auch im Fettgewebe, welches in der Nähe von Muskeln liegt, vor. Ein Gramm Fleisch kann bis zu 1500 Stück Trichinen enthalten. — Die Trichinen können nur mit dem Mikroskop, jedoch schon bei zehnfacher Vergrößerung festgestellt werden. Die mikroskopische Untersuchung der Muskeln auf Trichinen giebt manchmal zu Verwechselungen mit anderen ähnlichen Gebilden, z. B. Concretionen, Miescher'schen Schläuchen, Pilzen, Finnen, Echinococcen 2c. Veranlassung.

Die Schweine nehmen die Trichinen durch Verzehren von trichinösen Ratten und Mäusen, von Fleisch krepirter, trichinöser Schweine, namentlich in Wasenmeistereien, von Schlachtabfällen aus Schlachthäusern auf. — Krankheitserscheinungen in Folge von Trichinen sind bei Schweinen unmittelbar vor dem Schlachten noch nicht wahrgenommen worden.

Die Darmtrichinen halten sich in der Dünndarmschleimhaut der Schweine auf. Das Weibchen gebärt während einer Lebensdauer von vier bis sechs Wochen circa 1500 lebende Junge.

3. **Finnen.** Es sind Blasenwürmer, welche die Jugendform des menschlichen Einsiedler-Bandwurms vorstellen und hauptsächlich bei Treibschweinen oder solchen Schweinen vorkommen, welche in unreinen oder in der Nähe von Aborten befindlichen Stallungen gehalten werden. Sehr viele stark finnige Schweine lassen während des Lebens überhaupt nichts Krankhaftes wahrnehmen, andere zeigen heiseres Grunzen, Mattigkeit und Traurigkeit,

Abmagerung, Anschwellungen, Durchfall &c. Oefters können die Finnen an kleinen, dem Hirsekorn ähnlichen Knötchen unter der Zunge vermuthet, d. h. gesehen oder gefühlt werden.

Die Erkennung der Finnen bei geschlachteten Schweinen bietet keine Schwierigkeiten. Dieselben finden sich in der Zunge, im Herzen, in den Muskeln des Halses, der Flanken- und Beckengegend, des Oberschenkels, im Gehirn und Rückenmark, im Auge, in der Leber, Milz, in den Lungen &c., seltener im Speck vor. Im ausgewachsenen Zustande stellen sie erbsen- bis bohnengroße Bläschen von mattweißer Farbe und harter Konsistenz vor, besitzen einen Hals und einen Kopf, welch' letzterer meist nach innen eingestülpt ist, wodurch die Blase eine nierenförmige Gestalt erhält. Im abgestorbenen Zustande sind die Finnen verfettet oder verkalkt. In der Umgebung der Finnen ist das Fleisch anfangs normal, später wird es schmierig und wässerig. — Durch den Nachweis von Kopf, Hals und Cysticercenhülle der Finnen mittels des Mikroskops kann das Vorhandensein der Finnen im Zweifelsfalle sicher festgestellt werden.

Anlage II.

Verzeichniß der sämmtlichen für vorstehende Arbeit angezogenen Paragraphen des Bürgerlichen Gesetzbuchs.

§. 99.

Früchte einer Sache sind die Erzeugnisse der Sache und die sonstige Ausbeute, welche aus der Sache ihrer Bestimmung gemäß gewonnen wird.

Früchte eines Rechtes sind die Erträge, welche das Recht seiner Bestimmung gemäß gewährt, insbesondere bei einem Rechte auf Gewinnung von Bodenbestandtheilen die gewonnenen Bestandtheile.

Früchte sind auch die Erträge, welche eine Sache oder ein Recht vermöge eines Rechtsverhältnisses gewährt.

§. 100.

Nutzungen sind die Früchte einer Sache oder eines Rechtes sowie die Vortheile, welche der Gebrauch der Sache oder des Rechtes gewährt.

§. 123.

Wer zur Abgabe einer Willenserklärung durch arglistige Täuschung oder widerrechtlich durch Drohung bestimmt worden ist, kann die Erklärung anfechten.

Hat ein Dritter die Täuschung verübt, so ist eine Erklärung, die einem Anderen gegenüber abzugeben war, nur dann anfechtbar, wenn dieser die Täuschung kannte oder kennen mußte. Soweit ein Anderer als derjenige, welchem gegenüber die Erklärung abzugeben war, aus der Erklärung unmittelbar ein Recht erworben hat, ist die Erklärung ihm gegenüber anfechtbar, wenn er die Täuschung kannte oder kennen mußte.

§. 130.

Eine Willenserklärung, die einem Anderen gegenüber abzugeben ist, wird, wenn sie in dessen Abwesenheit abgegeben wird, in dem Zeitpunkte wirksam, in welchem sie ihm zugeht. Sie wird nicht wirksam, wenn dem Anderen vorher oder gleichzeitig ein Widerruf zugeht.

Auf die Wirksamkeit der Willenserklärung ist es ohne Einfluß, wenn der Erklärende nach der Abgabe stirbt oder geschäftsunfähig wird.

Diese Vorschriften finden auch dann Anwendung, wenn die Willenserklärung einer Behörde gegenüber abzugeben ist.

§. 131.

Wird die Willenserklärung einem Geschäftsunfähigen gegenüber abgegeben, so wird sie nicht wirksam, bevor sie dem gesetzlichen Vertreter zugeht.

Das Gleiche gilt, wenn die Willenserklärung einer in der Geschäftsfähigkeit beschränkten Person gegenüber abgegeben wird. Bringt die Erklärung jedoch der in der Geschäftsfähigkeit beschränkten Person lediglich einen rechtlichen Vortheil oder hat der gesetzliche Vertreter seine Einwilligung ertheilt, so wird die Erklärung in dem Zeitpunkte wirksam, in welchem sie ihr zugeht.

§. 132.

Eine Willenserklärung gilt auch dann als zugegangen, wenn sie durch Vermittelung eines Gerichtsvollziehers zugestellt worden ist. Die Zustellung erfolgt nach den Vorschriften der Civilprozeßordnung.

Befindet sich der Erklärende über die Person desjenigen, welchem gegenüber die Erklärung abzugeben ist, in einer nicht auf Fahrlässigkeit beruhenden Unkenntniß oder ist der Aufenthalt dieser Person unbekannt, so kann die Zustellung nach den für die öffentliche Zustellung einer Ladung geltenden Vorschriften der Civilprozeßordnung erfolgen. Zuständig für die Bewilligung ist im ersteren Falle das Amtsgericht, in dessen Bezirke der Erklärende seinen Wohnsitz oder in Ermangelung eines inländischen Wohnsitzes seinen Aufenthalt hat, im letzteren Falle das Amtsgericht, in dessen Bezirke die Person, welcher zuzustellen ist, den letzten Wohnsitz oder in Ermangelung eines inländischen Wohnsitzes den letzten Aufenthalt hatte.

§. 138.

Ein Rechtsgeschäft, das gegen die guten Sitten verstößt, ist nichtig.

Nichtig ist insbesondere ein Rechtsgeschäft, durch das Jemand unter Ausbeutung der Nothlage, des Leichtsinns oder der Unerfahrenheit eines Anderen sich oder einem Dritten für eine Leistung Vermögensvortheile versprechen oder gewähren läßt, welche den Werth der Leistung dergestalt übersteigen, daß den Umständen nach die Vermögensvortheile in auffälligem Mißverhältnisse zu der Leistung stehen.

§. 145.

Wer einem Andern die Schließung eines Vertrags anträgt, ist an den Antrag gebunden, es sei denn, daß er die Gebundenheit ausgeschlossen hat.

§. 146.

Der Antrag erlischt, wenn er dem Antragenden gegenüber abgelehnt oder wenn er nicht diesem gegenüber nach den §§. 147 bis 149 rechtzeitig angenommen wird.

§. 147.

Der einem Anwesenden gemachte Antrag kann nur sofort angenommen werden. Dies gilt auch von einem mittelst Fernsprechers von Person zu Person gemachten Antrage.

Der einem Abwesenden gemachte Antrag kann nur bis zu dem Zeitpunkt angenommen werden, in welchem der Antragende den Eingang der Antwort unter regelmäßigen Umständen erwarten darf.

§. 148.

Hat der Antragende für die Annahme des Antrags eine Frist bestimmt, so kann die Annahme nur innerhalb der Frist erfolgen.

§. 149.

Ist eine dem Antragenden verspätet zugegangene Annahmeerklärung dergestalt abgesendet worden, daß sie bei regelmäßiger Beförderung ihm rechtzeitig zugegangen sein würde, und mußte der Antragende dies erkennen, so hat er die Verspätung dem Annehmenden unverzüglich nach dem Empfange der Erklärung anzuzeigen, sofern es nicht schon vorher geschehen ist. Verzögert er die Absendung der Anzeige, so gilt die Annahme als nicht verspätet.

§. 150.

Die verspätete Annahme eines Antrags gilt als neuer Antrag.

Eine Annahme unter Erweiterungen, Einschränkungen oder sonstigen Aenderungen gilt als Ablehnung verbunden mit einem neuen Antrage.

§. 151.

Der Vertrag kommt durch die Annahme des Antrags zu Stande, ohne daß die Annahme dem Antragenden gegenüber erklärt zu werden braucht, wenn eine solche Erklärung nach der Verkehrssitte nicht zu erwarten ist oder der Antragende auf sie verzichtet hat. Der Zeitpunkt, in welchem der Antrag erlischt, bestimmt sich nach dem aus dem Antrag oder den Umständen zu entnehmenden Willen des Antragenden.

§. 156.

Bei einer Versteigerung kommt der Vertrag erst durch den Zuschlag zu Stande. Ein Gebot erlischt, wenn ein Uebergebot abgegeben oder die Versteigerung ohne Ertheilung des Zuschlags geschlossen wird.

§. 158.

Wird ein Rechtsgeschäft unter einer aufschiebenden Bedingung vorgenommen, so tritt die von der Bedingung abhängig gemachte Wirkung mit dem Eintritte der Bedingung ein.

Wird ein Rechtsgeschäft unter einer auflösenden Bedingung vorgenommen, so endigt mit dem Eintritte der Bedingung die Wirkung des Rechtsgeschäfts; mit diesem Zeitpunkte tritt der frühere Rechtszustand wieder ein.

§. 160.

Wer unter einer aufschiebenden Bedingung berechtigt ist, kann im Falle des Eintritts der Bedingung Schadensersatz von dem anderen Theile verlangen, wenn dieser während der Schwebezeit das von der Bedingung abhängige Recht durch sein Verschulden vereitelt oder beeinträchtigt.

Den gleichen Anspruch hat unter denselben Voraussetzungen bei einem unter einer auflösenden Bedingung vorgenommenen Rechtsgeschäfte derjenige, zu dessen Gunsten der frühere Rechtszustand wiedereintritt.

§. 186.

Für die in Gesetzen, gerichtlichen Verfügungen und Rechtsgeschäften enthaltenen Frist- und Terminsbestimmungen gelten die Auslegungsvorschriften der §§. 187 bis 193.

§. 187.

Ist für den Anfang einer Frist ein Ereigniß oder ein in den Lauf eines Tages fallender Zeitpunkt maßgebend, so wird bei der Berechnung der Frist der Tag nicht mitgerechnet, in welchen das Ereigniß oder der Zeitpunkt fällt.

Ist der Beginn eines Tages der für den Anfang einer Frist maßgebende Zeitpunkt, so wird dieser Tag bei der Berechnung der Frist mitgerechnet. Das Gleiche gilt von dem Tage der Geburt bei der Berechnung des Lebensalters.

§. 188.

Eine nach Tagen bestimmte Frist endigt mit dem Ablaufe des letzten Tages der Frist.

Eine Frist, die nach Wochen, nach Monaten oder nach einem mehrere Monate umfassenden Zeitraume — Jahr, halbes Jahr, Vierteljahr — bestimmt ist, endigt im Falle des §. 187 Abs. 1 mit dem Ablaufe desjenigen Tages der letzten Woche oder des letzten Monats, welcher durch seine Benennung oder seine Zahl dem Tage entspricht, in den das Ereigniß oder der Zeitpunkt fällt, im Falle des §. 187 Abs. 2 mit dem Ablaufe desjenigen Tages der letzten Woche oder des letzten Monats, welcher dem Tage vorhergeht, der durch seine Benennung oder seine Zahl dem Anfangstage der Frist entspricht.

Fehlt bei einer nach Monaten bestimmten Frist in dem letzten Monate der für ihren Ablauf maßgebende Tag, so endigt die Frist mit dem Ablaufe des letzten Tages dieses Monats.

§. 189.

Unter einem halben Jahre wird eine Frist von sechs Monaten, unter einem Vierteljahre eine Frist von drei

Monaten, unter einem halben Monat eine Frist von fünfzehn Tagen verstanden.

Ist eine Frist auf einen oder mehrere ganze Monate und einen halben Monat gestellt, so sind die fünfzehn Tage zuletzt zu zählen.

§. 190.

Im Falle der Verlängerung einer Frist wird die neue Frist von dem Ablauf der vorigen Frist an berechnet.

§. 193.

Ist an einem bestimmten Tage oder innerhalb einer Frist eine Willenserklärung abzugeben oder eine Leistung zu bewirken und fällt der bestimmte Tag oder der letzte Tag der Frist auf einen Sonntag oder einen am Erklärungs- oder Leistungsorte staatlich anerkannten allgemeinen Feiertag, so tritt an die Stelle des Sonntags oder des Feiertags der nächstfolgende Werktag.

§. 194.

Das Recht, von einem Anderen ein Thun oder ein Unterlassen zu verlangen (Anspruch), unterliegt der Verjährung.

Der Anspruch aus einem familienrechtlichen Verhältniß unterliegt der Verjährung nicht, soweit er auf die Herstellung des dem Verhältniß entsprechenden Zustandes für die Zukunft gerichtet ist.

§. 195.

Die regelmäßige Verjährungsfrist beträgt dreißig Jahre.

§. 202.

Die Verjährung ist gehemmt, solange die Leistung gestundet oder der Verpflichtete aus einem anderen Grunde vorübergehend zur Verweigerung der Leistung berechtigt ist.

Diese Vorschrift findet keine Anwendung auf die Einrede des Zurückbehaltungsrechts, des nicht erfüllten Vertrags, der mangelnden Sicherheitsleistung, der Vorausklage sowie auf die nach §. 770 dem Bürgen und nach den §§. 2014, 2015 dem Erben zustehenden Einreden.

§. 203.

Die Verjährung ist gehemmt, solange der Berechtigte durch Stillstand der Rechtspflege innerhalb der letzten sechs Monate der Verjährungsfrist an der Rechtsverfolgung verhindert ist.

Das Gleiche gilt, wenn eine solche Verhinderung in anderer Weise durch höhere Gewalt herbeigeführt wird.

§. 204.

Die Verjährung von Ansprüchen zwischen Ehegatten ist gehemmt, solange die Ehe besteht. Das Gleiche gilt von Ansprüchen zwischen Eltern und Kindern während der Minderjährigkeit der Kinder und von Ansprüchen zwischen dem Vormund und dem Mündel während der Dauer des Vormundschaftsverhältnisses.

§. 205.

Der Zeitraum, während dessen die Verjährung gehemmt ist, wird in die Verjährungsfrist nicht eingerechnet.

§. 206.

Ist eine geschäftsunfähige oder in der Geschäftsfähigkeit beschränkte Person ohne gesetzlichen Vertreter, so wird die gegen sie laufende Verjährung nicht vor dem Ablaufe von sechs Monaten nach dem Zeitpunkte vollendet, in welchem die Person unbeschränkt geschäftsfähig wird oder der Mangel der Vertretung aufhört. Ist die Verjährungsfrist kürzer als sechs Monate, so tritt der für die Verjährung bestimmte Zeitraum an die Stelle der sechs Monate.

Diese Vorschriften finden keine Anwendung, soweit eine in der Geschäftsfähigkeit beschränkte Person prozeßfähig ist.

§. 207.

Die Verjährung eines Anspruchs, der zu einem Nachlasse gehört oder sich gegen einen Nachlaß richtet, wird nicht vor dem Ablaufe von sechs Monaten nach dem Zeitpunkte vollendet, in welchem die Erbschaft von dem Erben angenommen oder der Konkurs über den Nachlaß eröffnet wird oder von welchem an der Anspruch von einem Vertreter oder gegen einen Vertreter geltend gemacht werden kann. Ist die Verjährungsfrist kürzer als sechs Monate, so tritt der für die Verjährung bestimmte Zeitraum an die Stelle der sechs Monate.

§. 208.

Die Verjährung wird unterbrochen, wenn der Verpflichtete dem Berechtigten gegenüber den Anspruch durch Abschlagzahlung, Zinszahlung, Sicherheitsleistung oder in anderer Weise anerkennt.

§. 209.

Die Verjährung wird unterbrochen, wenn der Berechtigte auf Befriedigung oder auf Feststellung des Anspruchs, auf Ertheilung der Vollstreckungsklausel oder auf Erlassung des Vollstreckungsurtheils Klage erhebt.

Der Erhebung der Klage stehen gleich:

1. die Zustellung eines Zahlungsbefehls im Mahnverfahren;
2. die Anmeldung des Anspruchs im Konkurse;
3. die Geltendmachung der Aufrechnung des Anspruchs im Prozesse;
4. die Streitverkündung in dem Prozesse, von dessen Ausgange der Anspruch abhängt;
5. die Vornahme einer Vollstreckungshandlung und, soweit die Zwangsvollstreckung den Gerichten oder anderen Behörden zugewiesen ist, die Stellung des Antrags auf Zwangsvollstreckung.

§. 210.

Hängt die Zulässigkeit des Rechtswegs von der Vorentscheidung einer Behörde ab oder hat die Bestimmung des zuständigen Gerichts durch ein höheres Gericht zu erfolgen, so wird die Verjährung durch die Einreichung des Gesuchs an die Behörde oder das höhere Gericht in gleicher Weise wie durch Klagerhebung unterbrochen, wenn die Klage binnen drei Monaten nach der Erledigung des Gesuchs erhoben wird. Auf diese Frist finden die Vorschriften der §§. 203, 206, 207 entsprechende Anwendung.

§. 211.

Die Unterbrechung durch Klagerhebung dauert fort, bis der Prozeß rechtskräftig entschieden oder anderweit erledigt ist.

Geräth der Prozeß in Folge einer Vereinbarung oder dadurch, daß er nicht betrieben wird, in Stillstand, so endigt die Unterbrechung mit der letzten Prozeßhandlung der Parteien oder des Gerichts. Die nach der Beendigung der Unterbrechung beginnende neue Verjährung wird dadurch, daß eine der Parteien den Prozeß weiter betreibt, in gleicher Weise wie durch Klagerhebung unterbrochen.

§. 212.

Die Unterbrechung durch Klagerhebung gilt als nicht erfolgt, wenn die Klage zurückgenommen oder durch ein nicht in der Sache selbst entscheidendes Urtheil rechtskräftig abgewiesen wird.

Erhebt der Berechtigte binnen sechs Monaten von neuem Klage, so gilt die Verjährung als durch die Erhebung der ersten Klage unterbrochen. Auf diese Frist finden die Vorschriften der §§. 203, 206, 207 entsprechende Anwendung.

§. 213.

Die Unterbrechung durch Zustellung eines Zahlungsbefehls im Mahnverfahren gilt als nicht erfolgt, wenn die Wirkungen der Rechtshängigkeit erlöschen.

§. 214.

Die Unterbrechung durch Anmeldung im Konkurse dauert fort, bis der Konkurs beendigt ist.

Die Unterbrechung gilt als nicht erfolgt, wenn die Anmeldung zurückgenommen wird.

Wird bei der Beendigung des Konkurses für eine Forderung, die in Folge eines bei der Prüfung erhobenen Widerspruchs in Prozeß befangen ist, ein Betrag zurückbehalten, so dauert die Unterbrechung auch nach der Beendigung des Konkurses fort; das Ende der Unterbrechung bestimmt sich nach den Vorschriften des §. 211.

§. 215.

Die Unterbrechung durch Geltendmachung der Aufrechnung im Prozeß oder durch Streitverkündung dauert fort, bis der Prozeß rechtskräftig entschieden oder anderweit erledigt ist; die Vorschriften des §. 211 Abs. 2 finden Anwendung.

Die Unterbrechung gilt als nicht erfolgt, wenn nicht binnen sechs Monaten nach der Beendigung des Prozesses Klage auf Befriedigung oder Feststellung des Anspruchs erhoben wird. Auf diese Frist finden die Vorschriften der §§. 203, 206, 207 entsprechende Anwendung.

§. 217.

Wird die Verjährung unterbrochen, so kommt die bis zur Unterbrechung verstrichene Zeit nicht in Betracht; eine neue Verjährung kann erst nach der Beendigung der Unterbrechung beginnen.

§. 218.

Ein rechtskräftig festgestellter Anspruch verjährt in dreißig Jahren, auch wenn er an sich einer kürzeren

Verjährung unterliegt. Das Gleiche gilt von dem Anspruch aus einem vollstreckbaren Vergleich oder einer vollstreckbaren Urkunde sowie von einem Anspruche, welcher durch die im Konkurs erfolgte Feststellung vollstreckbar geworden ist.

Soweit sich die Feststellung auf regelmäßig wiederkehrende, erst künftig fällig werdende Leistungen bezieht, bewendet es bei der kürzeren Verjährungsfrist.

§. 222.

Nach der Vollendung der Verjährung ist der Verpflichtete berechtigt, die Leistung zu verweigern.

Das zur Befriedigung eines verjährten Anspruchs Geleistete kann nicht zurückgefordert werden, auch wenn die Leistung in Unkenntniß der Verjährung bewirkt worden ist. Das Gleiche gilt von einem vertragsmäßigen Anerkenntnisse sowie einer Sicherheitsleistung des Verpflichteten.

§. 242.

Der Schuldner ist verpflichtet, die Leistung so zu bewirken, wie Treu und Glauben mit Rücksicht auf die Verkehrssitte es erfordern.

§. 243.

Wer eine nur der Gattung nach bestimmte Sache schuldet, hat eine Sache von mittlerer Art und Güte zu leisten.

Hat der Schuldner das zur Leistung einer solchen Sache seinerseits Erforderliche gethan, so beschränkt sich das Schuldverhältniß auf diese Sache.

§. 246.

Ist eine Schuld nach Gesetz oder Rechtsgeschäft zu verzinsen, so sind vier vom Hundert für das Jahr zu entrichten, sofern nicht ein Anderes bestimmt ist.

§. 249.

Wer zum Schadensersatze verpflichtet ist, hat den Zustand herzustellen, der bestehen würde, wenn der zum Ersatze verpflichtende Umstand nicht eingetreten wäre. Ist wegen Verletzung einer Person oder wegen Beschädigung einer Sache Schadensersatz zu leisten, so kann der Gläubiger statt der Herstellung den dazu erforderlichen Geldbetrag verlangen.

§. 250.

Der Gläubiger kann dem Ersatzpflichtigen zur Herstellung eine angemessene Frist mit der Erklärung bestimmen, daß er die Herstellung nach dem Ablaufe der Frist ablehne. Nach dem Ablaufe der Frist kann der Gläubiger den Ersatz in Geld verlangen, wenn nicht die Herstellung rechtzeitig erfolgt; der Anspruch auf die Herstellung ist ausgeschlossen.

§. 251.

Soweit die Herstellung nicht möglich oder zur Entschädigung des Gläubigers nicht genügend ist, hat der Ersatzpflichtige den Gläubiger in Geld zu entschädigen.

Der Ersatzpflichtige kann den Gläubiger in Geld entschädigen, wenn die Herstellung nur mit unverhältnißmäßigen Aufwendungen möglich ist.

§. 252.

Der zu ersetzende Schaden umfaßt auch den entgangenen Gewinn. Als entgangen gilt der Gewinn, welcher nach dem gewöhnlichen Laufe der Dinge oder nach den besonderen Umständen, insbesondere nach den getroffenen Anstalten und Vorkehrungen, mit Wahrscheinlichkeit erwartet werden konnte.

§. 267.

Hat der Schuldner nicht in Person zu leisten, so kann auch ein Dritter die Leistung bewirken. Die Einwilligung des Schuldners ist nicht erforderlich.

Der Gläubiger kann die Leistung ablehnen, wenn der Schuldner widerspricht.

§. 269.

Ist ein Ort für die Leistung weder bestimmt noch aus den Umständen, insbesondere aus der Natur des Schuldverhältnisses, zu entnehmen, so hat die Leistung an dem Orte zu erfolgen, an welchem der Schuldner zur Zeit der Entstehung des Schuldverhältnisses seinen Wohnsitz hatte.

Ist die Verbindlichkeit im Gewerbebetriebe des Schuldners entstanden, so tritt, wenn der Schuldner seine gewerbliche Niederlassung an einem anderen Orte hatte, der Ort der Niederlassung an die Stelle des Wohnsitzes.

Aus dem Umstand allein, daß der Schuldner die Kosten der Versendung übernommen hat, ist nicht zu entnehmen, daß der Ort, nach welchem die Versendung zu erfolgen hat, der Leistungsort sein soll.

§. 270.

Geld hat der Schuldner im Zweifel auf seine Gefahr und seine Kosten dem Gläubiger an dessen Wohnsitz zu übermitteln.

Ist die Forderung im Gewerbebetriebe des Gläubigers entstanden, so tritt, wenn der Gläubiger seine gewerbliche Niederlassung an einem anderen Orte hat, der Ort der Niederlassung an die Stelle des Wohnsitzes.

Erhöhen sich in Folge einer nach der Entstehung des Schuldverhältnisses eintretenden Aenderung des Wohnsitzes oder der gewerblichen Niederlassung des Gläubigers die Kosten oder die Gefahr der Uebermittelung, so hat der Gläubiger im ersteren Falle die Mehrkosten, im letzteren Falle die Gefahr zu tragen.

Die Vorschriften über den Leistungsort bleiben unberührt.

§. 271.

Ist eine Zeit für die Leistung weder bestimmt noch aus den Umständen zu entnehmen, so kann der Gläubiger die Leistung sofort verlangen, der Schuldner sie sofort bewirken.

Ist eine Zeit bestimmt, so ist im Zweifel anzunehmen, daß der Gläubiger die Leistung nicht vor dieser Zeit verlangen, der Schuldner aber sie vorher bewirken kann.

§. 274.

Gegenüber der Klage des Gläubigers hat die Geltendmachung des Zurückbehaltungsrechts nur die Wirkung, daß der Schuldner zur Leistung gegen Empfang der ihm gebührenden Leistung (Erfüllung Zug um Zug) zu verurtheilen ist.

Auf Grund einer solchen Verurtheilung kann der Gläubiger seinen Anspruch ohne Bewirkung der ihm obliegenden Leistung im Wege der Zwangsvollstreckung verfolgen, wenn der Schuldner im Verzuge der Annahme ist.

§. 275.

Der Schuldner wird von der Verpflichtung zur Leistung frei, soweit die Leistung in Folge eines nach der Entstehung des Schuldverhältnisses eintretenden Umstandes, den er nicht zu vertreten hat, unmöglich wird.

Einer nach der Entstehung des Schuldverhältnisses eintretenden Unmöglichkeit steht das nachträglich eintretende Unvermögen des Schuldners zur Leistung gleich.

§. 276.

Der Schuldner hat, sofern nicht ein Anderes bestimmt ist, Vorsatz und Fahrlässigkeit zu vertreten. Fahrlässig handelt, wer die im Verkehr erforderliche Sorgfalt außer Acht läßt. Die Vorschriften der §§. 827, 828 finden Anwendung.

Die Haftung wegen Vorsatzes kann dem Schuldner nicht im voraus erlassen werden.

§. 277.

Wer nur für diejenige Sorgfalt einzustehen hat, welche er in eigenen Angelegenheiten anzuwenden pflegt, ist von der Haftung wegen grober Fahrlässigkeit nicht befreit.

§. 278.

Der Schuldner hat ein Verschulden seines gesetzlichen Vertreters und der Personen, deren er sich zur Erfüllung seiner Verbindlichkeit bedient, in gleichem Umfange zu vertreten wie eigenes Verschulden. Die Vorschrift des §. 276 Abs. 2 findet keine Anwendung.

§. 281.

Erlangt der Schuldner in Folge des Umstandes, welcher die Leistung unmöglich macht, für den geschuldeten Gegenstand einen Ersatz oder einen Ersatzanspruch, so kann der Gläubiger Herausgabe des als Ersatz Empfangenen oder Abtretung des Ersatzanspruchs verlangen.

Hat der Gläubiger Anspruch auf Schadensersatz wegen Nichterfüllung, so mindert sich, wenn er von dem im Abs. 1 bestimmten Rechte Gebrauch macht, die ihm zu leistende Entschädigung um den Werth des erlangten Ersatzes oder Ersatzanspruchs.

§. 284.

Leistet der Schuldner auf eine Mahnung des Gläubigers nicht, die nach dem Eintritte der Fälligkeit erfolgt, so kommt er durch die Mahnung in Verzug. Der Mahnung steht die Erhebung der Klage auf die Leistung sowie die Zustellung eines Zahlungsbefehls im Mahnverfahren gleich.

Ist für die Leistung eine Zeit nach dem Kalender bestimmt, so kommt der Schuldner ohne Mahnung in Verzug, wenn er nicht zu der bestimmten Zeit leistet.

Das Gleiche gilt, wenn der Leistung eine Kündigung vorauszugehen hat und die Zeit für die Leistung in der Weise bestimmt ist, daß sie sich von der Kündigung ab nach dem Kalender berechnen läßt.

§. 286.

Der Schuldner hat dem Gläubiger den durch den Verzug entstehenden Schaden zu ersetzen.

Hat die Leistung in Folge des Verzugs für den Gläubiger kein Interesse, so kann dieser unter Ablehnung der Leistung Schadensersatz wegen Nichterfüllung verlangen. Die für das vertragsmäßige Rücktrittsrecht geltenden Vorschriften der §§. 346 bis 356 finden entsprechende Anwendung.

§. 287.

Der Schuldner hat während des Verzugs jede Fahrlässigkeit zu vertreten. Er ist auch für die während des Verzugs durch Zufall eintretende Unmöglichkeit der Leistung verantwortlich, es sei denn, daß der Schaden auch bei rechtzeitiger Leistung eingetreten sein würde.

§. 288.

Eine Geldschuld ist während des Verzugs mit vier vom Hundert für das Jahr zu verzinsen. Kann der Gläubiger aus einem anderen Rechtsgrunde höhere Zinsen verlangen, so sind diese fortzuentrichten.

Die Geltendmachung eines weiteren Schadens ist nicht ausgeschlossen.

§. 293.

Der Gläubiger kommt in Verzug, wenn er die ihm angebotene Leistung nicht annimmt.

§. 294.

Die Leistung muß dem Gläubiger so, wie sie zu bewirken ist, thatsächlich angeboten werden.

§. 295.

Ein wörtliches Angebot des Schuldners genügt, wenn der Gläubiger ihm erklärt hat, daß er die Leistung nicht annehmen werde, oder wenn zur Bewirkung der Leistung eine Handlung des Gläubigers erforderlich ist, insbesondere wenn der Gläubiger die geschuldete Sache abzuholen hat. Dem Angebote der Leistung steht die Aufforderung an den Gläubiger gleich, die erforderliche Handlung vorzunehmen.

§. 296.

Ist für die von dem Gläubiger vorzunehmende Handlung eine Zeit nach dem Kalender bestimmt, so bedarf es des Angebots nur, wenn der Gläubiger die Handlung rechtzeitig vornimmt. Das Gleiche gilt, wenn der Handlung eine Kündigung vorauszugehen hat und die Zeit für die Handlung in der Weise bestimmt ist, daß sie sich von der Kündigung ab nach dem Kalender berechnen läßt.

§. 297.

Der Gläubiger kommt nicht in Verzug, wenn der Schuldner zur Zeit des Angebots oder im Falle des §. 296 zu der für die Handlung des Gläubigers bestimmten Zeit außer Stande ist, die Leistung zu bewirken.

§. 298.

Ist der Schuldner nur gegen eine Leistung des Gläubigers zu leisten verpflichtet, so kommt der Gläubiger in Verzug, wenn er zwar die angebotene Leistung anzunehmen bereit ist, die verlangte Gegenleistung aber nicht anbietet.

§. 299.

Ist die Leistungszeit nicht bestimmt oder ist der Schuldner berechtigt, vor der bestimmten Zeit zu leisten, so kommt der Gläubiger nicht dadurch in Verzug, daß er vorübergehend an der Annahme der angebotenen Leistung verhindert ist, es sei denn, daß der Schuldner ihm die Leistung eine angemessene Zeit vorher angekündigt hat.

§. 300.

Der Schuldner hat während des Verzugs des Gläubigers nur Vorsatz und grobe Fahrlässigkeit zu vertreten.

Wird eine nur der Gattung nach bestimmte Sache geschuldet, so geht die Gefahr mit dem Zeitpunkt auf den Gläubiger über, in welchem er dadurch in Verzug kommt, daß er die angebotene Sache nicht annimmt.

§. 320.

Wer aus einem gegenseitigen Vertrage verpflichtet ist, kann die ihm obliegende Leistung bis zur Bewirkung der Gegenleistung verweigern, es sei denn, daß er vorzuleisten verpflichtet ist. Hat die Leistung an Mehrere zu erfolgen, so kann dem Einzelnen der ihm gebührende Theil bis zur Bewirkung der ganzen Gegenleistung verweigert werden. Die Vorschrift des §. 273 Abs. 3 findet keine Anwendung.

Ist von der einen Seite theilweise geleistet worden,

so kann die Gegenleistung insoweit nicht verweigert werden, als die Verweigerung nach den Umständen, insbesondere wegen verhältnißmäßiger Geringfügigkeit des rückständigen Theiles, gegen Treu und Glauben verstoßen würde.

§. 322.

Erhebt aus einem gegenseitigen Vertrage der eine Theil Klage auf die ihm geschuldete Leistung, so hat die Geltendmachung des dem anderen Theile zustehenden Rechtes, die Leistung bis zur Bewirkung der Gegenleistung zu verweigern, nur die Wirkung, daß der andere Theil zur Erfüllung Zug um Zug zu verurtheilen ist.

Hat der klagende Theil vorzuleisten, so kann er, wenn der andere Theil im Verzuge der Annahme ist, auf Leistung nach Empfang der Gegenleistung klagen.

Auf die Zwangsvollstreckung findet die Vorschrift des §. 274 Abs. 2 Anwendung.

§. 346.

Hat sich in einem Vertrag ein Theil den Rücktritt vorbehalten, so sind die Parteien, wenn der Rücktritt erfolgt, verpflichtet, einander die empfangenen Leistungen zurückzugewähren. Für geleistete Dienste sowie für die Ueberlassung der Benutzung einer Sache ist der Werth zu vergüten oder, falls in dem Vertrag eine Gegenleistung in Geld bestimmt ist, diese zu entrichten.

§ 347.

Der Anspruch auf Schadensersatz wegen Verschlechterung, Unterganges oder einer aus einem anderen Grunde eintretenden Unmöglichkeit der Herausgabe bestimmt sich im Falle des Rücktritts von dem Empfange der Leistung an nach den Vorschriften, welche für das Verhältniß zwischen dem Eigenthümer und dem Besitzer von dem Eintritte der Rechtshängigkeit des Eigenthumsanspruchs an gelten. Das Gleiche gilt von dem Anspruch auf Herausgabe oder Vergütung von Nutzungen und von dem Anspruch auf Ersatz von Verwendungen. Eine Geldsumme ist von der Zeit des Empfanges an zu verzinsen.

§. 348.

Die sich aus dem Rücktritt ergebenden Verpflichtungen der Parteien sind Zug um Zug zu erfüllen. Die Vorschriften der §§. 320, 322 finden entsprechende Anwendung.

§. 349.

Der Rücktritt erfolgt durch Erklärung gegenüber dem anderen Theile.

§. 350.

Der Rücktritt wird nicht dadurch ausgeschlossen, daß der Gegenstand, welchen der Berechtigte empfangen hat, durch Zufall untergegangen ist.

§. 351.

Der Rücktritt ist ausgeschlossen, wenn der Berechtigte eine wesentliche Verschlechterung, den Untergang oder die anderweitige Unmöglichkeit der Herausgabe des empfangenen Gegenstandes verschuldet hat. Der Untergang eines erheblichen Theiles steht einer wesentlichen Verschlechterung des Gegenstandes, das von dem Berechtigten nach §. 278

zu vertretende Verschulden eines Anderen steht dem eigenen Verschulden des Berechtigten gleich.

§. 353.

Hat der Berechtigte den empfangenen Gegenstand oder einen erheblichen Theil des Gegenstandes veräußert oder mit dem Rechte eines Dritten belastet, so ist der Rücktritt ausgeschlossen, wenn bei demjenigen, welcher den Gegenstand in Folge der Verfügung erlangt hat, die Voraussetzungen des §. 351 oder des §. 352 eingetreten sind.

Einer Verfügung des Berechtigten steht eine Verfügung gleich, die im Wege der Zwangsvollstreckung oder der Arrestvollziehung oder durch den Konkursverwalter erfolgt.

§. 354.

Kommt der Berechtigte mit der Rückgewähr des empfangenen Gegenstandes oder eines erheblichen Theiles des Gegenstandes in Verzug, so kann ihm der andere Theil eine angemessene Frist mit der Erklärung bestimmen, daß er die Annahme nach dem Ablaufe der Frist ablehne. Der Rücktritt wird unwirksam, wenn nicht die Rückgewähr vor dem Ablaufe der Frist erfolgt.

§. 356.

Sind bei einem Vertrag auf der einen oder der anderen Seite Mehrere betheiligt, so kann das Rücktrittsrecht nur von allen und gegen alle ausgeübt werden. Erlischt das Rücktrittsrecht für einen der Berechtigten, so erlischt es auch für die übrigen.

§. 372.

Geld, Werthpapiere und sonstige Urkunden sowie Kostbarkeiten kann der Schuldner bei einer dazu bestimmten öffentlichen Stelle für den Gläubiger hinterlegen, wenn der Gläubiger im Verzuge der Annahme ist. Das Gleiche gilt, wenn der Schuldner aus einem anderen in der Person des Gläubigers liegenden Grunde oder in Folge einer nicht auf Fahrlässigkeit beruhenden Ungewißheit über die Person des Gläubigers seine Verbindlichkeit nicht oder nicht mit Sicherheit erfüllen kann.

§. 383.

Ist die geschuldete bewegliche Sache zur Hinterlegung nicht geeignet, so kann der Schuldner sie im Falle des Verzugs des Gläubigers am Leistungsorte versteigern lassen und den Erlös hinterlegen. Das Gleiche gilt in den Fällen des §. 372 Satz 2, wenn der Verderb der Sache zu besorgen oder die Aufbewahrung mit unverhältnißmäßigen Kosten verbunden ist.

Ist von der Versteigerung am Leistungsort ein angemessener Erfolg nicht zu erwarten, so ist die Sache an einem geeigneten anderen Orte zu versteigern.

Die Versteigerung hat durch einen für den Versteigerungsort bestellten Gerichtsvollzieher oder zu Versteigerungen befugten anderen Beamten oder öffentlich angestellten Versteigerer öffentlich zu erfolgen (öffentliche Versteigerung). Zeit und Ort der Versteigerung sind unter allgemeiner Bezeichnung der Sache öffentlich bekannt zu machen.

§. 398.

Eine Forderung kann von dem Gläubiger durch Vertrag mit einem Anderen auf diesen übertragen werden (Abtretung). Mit dem Abschlusse des Vertrags tritt der neue Gläubiger an die Stelle des bisherigen Gläubigers.

§. 433.

Durch den Kaufvertrag wird der Verkäufer einer Sache verpflichtet, dem Käufer die Sache zu übergeben und das Eigenthum an der Sache zu verschaffen. Der Verkäufer eines Rechtes ist verpflichtet, dem Käufer das Recht zu verschaffen und, wenn das Recht zum Besitz einer Sache berechtigt, die Sache zu übergeben.

Der Käufer ist verpflichtet, dem Verkäufer den vereinbarten Kaufpreis zu zahlen und die gekaufte Sache abzunehmen.

§. 446.

Mit der Uebergabe der verkauften Sache geht die Gefahr des zufälligen Unterganges und einer zufälligen Verschlechterung auf den Käufer über. Von der Uebergabe an gebühren dem Käufer die Nutzungen und trägt er die Lasten der Sache.

Wird der Käufer eines Grundstücks vor der Uebergabe als Eigenthümer in das Grundbuch eingetragen, so treten diese Wirkungen mit der Eintragung ein.

§. 447.

Versendet der Verkäufer auf Verlangen des Käufers die verkaufte Sache nach einem anderen Orte als dem Erfüllungsorte, so geht die Gefahr auf den Käufer über, sobald der Verkäufer die Sache dem Spediteur, dem Frachtführer oder der sonst zur Ausführung der Versendung bestimmten Person oder Anstalt ausgeliefert hat.

Hat der Käufer eine besondere Anweisung über die Art der Versendung ertheilt und weicht der Verkäufer ohne dringenden Grund von der Anweisung ab, so ist der Verkäufer dem Käufer für den daraus entstehenden Schaden verantwortlich.

§. 459.

Der Verkäufer einer Sache haftet dem Käufer dafür, daß sie zu der Zeit, zu welcher die Gefahr auf den Käufer übergeht, nicht mit Fehlern behaftet ist, die den Werth oder die Tauglichkeit zu dem gewöhnlichen oder dem nach dem Vertrage vorausgesetzten Gebrauch aufheben oder mindern. Eine unerhebliche Minderung des Werthes oder der Tauglichkeit kommt nicht in Betracht.

Der Verkäufer haftet auch dafür, daß die Sache zur Zeit des Ueberganges der Gefahr die zugesicherten Eigenschaften hat.

§. 460.

Der Verkäufer hat einen Mangel der verkauften Sache nicht zu vertreten, wenn der Käufer den Mangel bei dem Abschlusse des Kaufes kennt. Ist dem Käufer ein Mangel der im §. 459 Abs. 1 bezeichneten Art in Folge grober Fahrlässigkeit unbekannt geblieben, so haftet der Verkäufer, sofern er nicht die Abwesenheit des Fehlers zugesichert hat, nur, wenn er den Fehler arglistig verschwiegen hat.

§. 461.

Der Verkäufer hat einen Mangel der verkauften Sache nicht zu vertreten, wenn die Sache auf Grund eines Pfandrechts in öffentlicher Versteigerung unter der Bezeichnung als Pfand verkauft wird.

§. 462.

Wegen eines Mangels, den der Verkäufer nach den Vorschriften der §§ 459, 460 zu vertreten hat, kann der Käufer Rückgängigmachung des Kaufes (Wandelung) oder Herabsetzung des Kaufpreises (Minderung) verlangen.

§. 463.

Fehlt der verkauften Sache zur Zeit des Kaufes eine zugesicherte Eigenschaft, so kann der Käufer statt der Wandelung oder der Minderung Schadensersatz wegen Nichterfüllung verlangen. Das Gleiche gilt, wenn der Verkäufer einen Fehler arglistig verschwiegen hat.

§. 464.

Nimmt der Käufer eine mangelhafte Sache an, obschon er den Mangel kennt, so stehen ihm die in den §§. 462, 463 bestimmten Ansprüche nur zu, wenn er sich seine Rechte wegen des Mangels bei der Annahme vorbehält.

§. 465.

Die Wandelung oder die Minderung ist vollzogen, wenn sich der Verkäufer auf Verlangen des Käufers mit ihr einverstanden erklärt.

§. 466.

Behauptet der Käufer dem Verkäufer gegenüber einen Mangel der Sache, so kann der Verkäufer ihn unter em Erbieten zur Wandelung und unter Bestimmung einer angemessenen Frist zur Erklärung darüber auffordern, ob er Wandelung verlange. Die Wandelung kann in diesem Falle nur bis zum Ablaufe der Frist verlangt werden.

§. 467.

Auf die Wandelung finden die für das vertragsmäßige Rücktrittsrecht geltenden Vorschriften der §§. 346 bis 348, 350 bis 354, 356 entsprechende Anwendung; im Falle des §. 352 ist jedoch die Wandelung nicht ausgeschlossen, wenn der Mangel sich erst bei der Umgestaltung der Sache gezeigt hat. Der Verkäufer hat dem Käufer auch die Vertragskosten zu ersetzen.

§. 469.

Sind von mehreren verkauften Sachen nur einzelne mangelhaft, so kann nur in Ansehung dieser Wandelung verlangt werden, auch wenn ein Gesammtpreis für alle Sachen festgesetzt ist. Sind jedoch die Sachen als zusammengehörend verkauft, so kann jeder Theil verlangen, daß die Wandelung auf alle Sachen erstreckt wird, wenn die mangelhaften Sachen nicht ohne Nachtheil für ihn von den übrigen getrennt werden können.

§. 470.

Die Wandelung wegen eines Mangels der Hauptsache erstreckt sich auch auf die Nebensache. Ist die Nebensache mangelhaft, so kann nur in Ansehung dieser Wandelung verlangt werden.

§. 471.

Findet im Falle des Verkaufs mehreren Sachen für einen Gesammtpreis die Wandelung nur in Ansehung einzelner Sachen statt, so ist der Gesammtpreis in dem Verhältnisse herabzusetzen, in welchem zur Zeit des Verkaufs der Gesammtwerth der Sachen in mangelfreiem Zustande zu dem Werthe der von der Wandelung nicht betroffenen Sachen gestanden haben würde.

§. 474.

Sind auf der einen oder der anderen Seite Mehrere betheiligt, so kann von jedem und gegen jeden Minderung verlangt werden.

Mit der Vollziehung der von einem der Käufer verlangten Minderung ist die Wandelung ausgeschlossen.

§. 476.

Eine Vereinbarung, durch welche die Verpflichtung des Verkäufers zur Gewährleistung wegen Mängel der Sache erlassen oder beschränkt wird, ist nichtig, wenn der Verkäufer den Mangel arglistig verschweigt.

§. 477.

Der Anspruch auf Wandelung oder auf Minderung sowie der Anspruch auf Schadensersatz wegen Mangels einer zugesicherten Eigenschaft verjährt, sofern nicht der Verkäufer den Mangel arglistig verschwiegen hat, bei beweglichen Sachen in sechs Monaten von der Ablieferung, bei Grundstücken in einem Jahre von der Uebergabe an. Die Verjährungsfrist kann durch Vertrag verlängert werden.

Beantragt der Käufer gerichtliche Beweisaufnahme zur Sicherung des Beweises, so wird die Verjährung unterbrochen. Die Unterbrechung dauert bis zur Beendigung des Verfahrens fort. Die Vorschriften des §. 211 Abs. 2 und des §. 212 finden entsprechende Anwendung.

Die Hemmung oder Unterbrechung der Verjährung eines der im Abs. 1 bezeichneten Ansprüche bewirkt auch die Hemmung oder Unterbrechung der Verjährung der anderen Ansprüche.

§. 478.

Hat der Käufer den Mangel dem Verkäufer angezeigt oder die Anzeige an ihn abgesendet, bevor der Anspruch auf Wandelung oder auf Minderung verjährt war, so kann er auch nach der Vollendung der Verjährung die Zahlung des Kaufpreises insoweit verweigern, als er auf Grund der Wandelung oder der Minderung dazu berechtigt sein würde. Das Gleiche gilt, wenn der Käufer vor der Vollendung der Verjährung gerichtliche Beweisaufnahme zur Sicherung des Beweises beantragt oder in einem zwischen ihm und einem späteren Erwerber der Sache wegen des Mangels anhängigen Rechtsstreite dem Verkäufer den Streit verkündet hat.

Hat der Verkäufer den Mangel arglistig verschwiegen, so bedarf es der Anzeige oder einer ihr nach Abs. 1 gleichstehenden Handlung nicht.

§. 479.

Der Anspruch auf Schadensersatz kann nach der Vollendung der Verjährung nur aufgerechnet werden, wenn der Käufer vorher eine der im §. 478 bezeichneten Handlungen vorgenommen hat. Diese Beschränkung tritt nicht ein, wenn der Verkäufer den Mangel arglistig verschwiegen hat.

§. 480.

Der Käufer einer nur der Gattung nach bestimmten Sache kann statt der Wandelung oder der Minderung verlangen, daß ihm an Stelle der mangelhaften Sache eine mangelfreie geliefert wird. Auf diesen Anspruch finden die für die Wandelung geltenden Vorschriften der §§. 464 bis 466, des §. 467 Satz 1 und der §§. 469, 470, 474 bis 479 entsprechende Anwendung.

Fehlt der Sache zu der Zeit, zu welcher die Gefahr auf den Käufer übergeht, eine zugesicherte Eigenschaft oder hat der Verkäufer einen Fehler arglistig verschwiegen, so kann der Käufer statt der Wandelung, der Minderung oder der Lieferung einer mangelfreien Sache Schadensersatz wegen Nichterfüllung verlangen.

§. 494.

Bei einem Kaufe nach Probe oder nach Muster sind die Eigenschaften der Probe oder des Musters als zugesichert anzusehen.

§. 495.

Bei einem Kaufe auf Probe oder auf Besicht steht die Billigung des gekauften Gegenstandes im Belieben des Käufers. Der Kauf ist im Zweifel unter der aufschiebenden Bedingung der Billigung geschlossen.

Der Verkäufer ist verpflichtet, dem Käufer die Untersuchung des Gegenstandes zu gestatten.

§. 496.

Die Billigung eines auf Probe oder auf Besicht gekauften Gegenstandes kann nur innerhalb der vereinbarten Frist und in Ermangelung einer solchen nur bis zum Ablauf einer dem Käufer von dem Verkäufer bestimmten angemessenen Frist erklärt werden. War die Sache dem Käufer zum Zwecke der Probe oder der Besichtigung übergeben, so gilt sein Schweigen als Billigung.

§. 868.

Besitzt Jemand eine Sache als Nießbraucher, Pfandgläubiger, Pächter, Miether, Verwahrer oder in einem ähnlichen Verhältnisse, vermöge dessen er einem Anderen gegenüber auf Zeit zum Besitze berechtigt oder verpflichtet ist, so ist auch der Andere Besitzer (mittelbarer Besitz).

§. 929.

Zur Uebertragung des Eigenthums an einer beweglichen Sache ist erforderlich, daß der Eigenthümer die Sache dem Erwerber übergiebt und beide darüber einig sind, daß das Eigenthum übergehen soll. Ist der Erwerber im Besitze der Sache, so genügt die Einigung über den Uebergang des Eigenthums.

§. 930.

Ist der Eigenthümer im Besitze der Sache, so kann die Uebergabe dadurch ersetzt werden, daß zwischen ihm und dem Erwerber ein Rechtsverhältniß vereinbart wird, vermöge dessen der Erwerber den mittelbaren Besitz erlangt.

§. 931.

Ist ein Dritter im Besitze der Sache, so kann die Uebergabe dadurch ersetzt werden, daß der Eigenthümer dem Erwerber den Anspruch auf Herausgabe der Sache abtritt.

§. 989.

Der Besitzer ist von dem Eintritte der Rechtshängigkeit an dem Eigenthümer für den Schaden verantwortlich, der dadurch entsteht, daß in Folge seines Verschuldens die Sache verschlechtert wird, untergeht oder aus einem anderen Grunde von ihm nicht herausgegeben werden kann.

§. 1235.

Der Verkauf des Pfandes ist im Wege öffentlicher Versteigerung zu bewirken.

Hat das Pfand einen Börsen- oder Marktpreis, so findet die Vorschrift des §. 1221 Anwendung.

§. 1236.

Die Versteigerung hat an dem Orte zu erfolgen, an dem das Pfand aufbewahrt wird. Ist von einer Versteigerung an dem Aufbewahrungsort ein angemessener Erfolg nicht zu erwarten, so ist das Pfand an einem geeigneten anderen Orte zu versteigern.

§. 1237.

Zeit und Ort der Versteigerung sind unter allgemeiner Bezeichnung des Pfandes öffentlich bekannt zu machen. Der Eigenthümer und Dritte, denen Rechte an dem Pfande zustehen, sind besonders zu benachrichtigen; die Benachrichtigung darf unterbleiben, wenn sie unthunlich ist.

§. 1245.

Der Eigenthümer und der Pfandgläubiger können eine von den Vorschriften der §§. 1234 bis 1240 abweichende Art des Pfandverkaufs vereinbaren. Steht einem Dritten an dem Pfande ein Recht zu, das durch die Veräußerung erlischt, so ist die Zustimmung des Dritten erforderlich. Die Zustimmung ist demjenigen gegenüber zu erklären, zu dessen Gunsten sie erfolgt; sie ist unwiderruflich.

Auf die Beobachtung der Vorschriften des §. 1235, des §. 1237 Satz 1 und des §. 1240 kann nicht vor dem Eintritte der Verkaufsberechtigung verzichtet werden.

§. 2371.

Ein Vertrag, durch den der Erbe die ihm angefallene Erbschaft verkauft, bedarf der gerichtlichen oder notariellen Beurkundung.

§. 2380.

Der Käufer trägt von dem Abschlusse des Kaufes an die Gefahr des zufälligen Unterganges und einer zufälligen Verschlechterung der Erbschaftsgegenstände. Von diesem Zeitpunkt an gebühren ihm die Nutzungen und trägt er die Lasten.

Sachregister.

N. = Note. S. = Seite.

A.

B.

S.

V.

W.

Druck von A. W. Hayn's Erben, Berlin und Potsdam.

6. **Reichs-Gewerbe-Ordnung** nebst Ausführungsbestimmungen, den Bestimmungen über den Arbeiterschutz, der Organisation des Handwerks und des Lehrlingswesens. Von Dr. **Wilhelmi**, Geh. Ober-Regierungsrath. Fünfzehnte Auflage. 2 M. 80 Pf.

7. Die deutsche **Post- und Telegraphen-Gesetzgebung.** Von Dr. **P. D. Fischer,** Unterstaatssekretär im Reichs-Postamt. Vierte Auflage. 2 M. 60 Pf.

8. Die Reichsgesetze über den **Unterstützungswohnsitz,** die **Freizügigkeit,** den **Erwerb** und **Verlust** der **Bundes- und Staatsangehörigkeit,** nebst allen landesgesetzlichen Bestimmungen. Von Geheimrath Dr. **J. Krech.** Vierte Auflage. 2 M. 25 Pf.

9a. Sammlung **kleinerer privatrechtlicher Reichsgesetze.** Von **F. Vierhaus,** Geh. Ober-Justizrath. Zweite Auflage in Vorbereitung.

9b. Sammlung **kleinerer strafrechtlicher Reichsgesetze.** Von **M. Werner,** Geh. Ober-Regierungsrath Zweite Auflage im Druck.

10. Das **Reichsbeamtengesetz** vom 31. März 1873 und seine Ergänzungen. Erläutert von **J. Pieper,** Geh. Ober-Regierungsrath. 3 M. 30 Pf.

11. **Civilprozeßordnung mit Einführungsgesetzen,** Nebengesetzen und Ergänzungen in der Fassung des Gesetzes vom 17. Mai 1898. Unter besonderer Be-

rücksichtigung der Entscheidungen des Reichsgerichts herausgegeben mit Anmerkungen von **R. Sydow**, Direktor im Reichs-Postamt und **L. Busch**, Kammergerichtsrath. Achte Auflage. 8°. Geb. 4 M.

Dieser Band ist in größerem Format erschienen!

12. **Strafprozeßordnung nebst Gerichtsverfassungsgesetz** in der vom 1. Januar 1900 ab geltenden Fassung, **nebst dem Gesetz, betreffend die Entschädigung der im Wiederaufnahmeverfahren freigesprochenen Personen.** Von **A. Hellweg**, Reichsgerichtsrath. Zehnte Auflage. Geb. in ganz Leinen 2 M.

13. **Konkursordnung und Anfechtungsgesetz mit Einführungsgesetz**, Nebengesetzen und Ergänzungen. Unter besonderer Berücksichtigung der Entscheidungen des Reichsgerichts herausgegeben mit Anmerkungen von **R. Sydow** und **L. Busch**. Achte Auflage. Geb. 1 M. 80 Pf.

14. **Gerichtsverfassungsgesetz** mit Einführungsgesetz und Nebengesetzen. Herausgegeben von **R. Sydow** und **L. Busch**. Achte Auflage. 1 M. 20 Pf.

15. **Gerichtskostengesetz und Gebührenordnung für Gerichtsvollzieher, Gebührenordnung für Zeugen und Sachverständige.** Mit Kostentabellen. Von **R. Sydow** und **L. Busch**. Sechste Auflage in Vorbereitung.

16. **Rechtsanwaltsordnung** für das Deutsche Reich. Von **R. Sydow**. Vierte Auflage bearbeitet von Gerichtsassessor Dr. **Mosler**.

17. Die **deutsche Gebührenordnung für Rechtsanwälte und das preußische Gebührengesetz** vom 27. September/6. October 1899. Herausgegeben mit Kostentabellen von **R. Sydow** und **L. Busch.** Sechste erweiterte Auflage. Geb. 1 M. 50 Pf.

18. **Reichsstempelgesetz (Börsensteuergesetz)** mit Ausführungsvorschriften, Tabellen, den Entscheidungen der Verwaltungsbehörden und des Reichsgerichts. Siebente Auflage von **P. Loeck,** Regierungs-Assessor. 3 M. 30 Pf.

19. Die **Seegesetzgebung.** Nebst den Entscheidungen des Reichsoberhandelsgerichts, des Reichsgerichts und der Seeämter. Von Dr. **W. E. Knitschky,** Landgerichtsrath. Zweite Auflage. 3 M. 80 Pf.

20. **Krankenversicherungsgesetz** vom 10. April 1892. Von Dr. **E. von Woedtke,** Direktor im Reichsamt des Innern. Siebente Auflage. 2 M.

21. Die **Konsulargesetzgebung** des Deutschen Reiches. Von Professor Dr. **Ph. Zorn.** Vergriffen.

22a. **Patentgesetz. Gesetz, betreffend den Schutz von Gebrauchsmustern. Gesetz, betreffend das Urheberrecht an Mustern und Modellen.** Nebst Ausführungsbestimmungen. Unter Berücksichtigung der Rechtsprechung des Reichsgerichts und der Praxis des Patentamts. Von Dr. **R. Stephan,** Geh. Regierungsrath, Abtheilungs-Vorsitzenden des Kaiserlichen Patentamts. Fünfte vermehrte Auflage. Geb. 2 M.

22b. **Gesetz zum Schutz der Waarenbezeichnungen.** Nebst Ausführungsbestimmungen. Von Dr. **R. Stephan,** Regierungsrath. Vierte vermehrte Auflage. 1 M.

23. **Unfallversicherungsgesetz** und Gesetz über die Ausdehnung der Unfall- und Krankenversicherung. Von Dr. **E. von Woedtke,** Direktor im Reichsamt des Innern. Fünfte Auflage. 2 M.

24. **Aktiengesellschaft und Kommanditgesellschaften auf Aktien.** Mit erläuternden Anmerkungen von Geh. Justizrath **Hugo Keyßner** und Rechtsanwalt Dr. **H. Veit Simon.** Fünfte Auflage. Handelsgesetzbuch, II. Buch, Abschnitt 3 und 4 bearbeitet von Dr. **Hugo Keyssner** u. **L. Keyssner.** Geb. 2 M. 25 Pf.

25. Reichsgesetz wegen **Erhebung der Brausteuer** vom 31. Mai 1872 mit Ausführungsvorschriften. Von **E. Bertho,** Regierungsrath. 1 M. 60 Pf.

26. Die Reichsgesetzgebung über **Münz- und Notenbankwesen,** Papiergeld, Prämienpapiere und Reichsanleihen. Von Dr. jur. **R. Koch,** Präsident des Reichsbankdirektoriums. Dritte Auflage. 2 M. 80 Pf.

27. Reichsgesetzgebung, betr. das **Gesundheitswesen** für Behörden, Aerzte 2c. Von Dr. jur. **C. Goesch** und Dr. med. **J. Karsten.** 1 M. 60 Pf.

28. Reichsgesetz, betr. die **Unfallversicherung der bei Bauten beschäftigten Personen.** Zweite Auflage. Unter Berücksichtigung der Rechtsprechung des Reichs-Versicherungsamts bearbeitet von **R. Chrzescinski,** Kaiserl. Regierungsrath. 1 M. 60 Pf.

29. Reichsgesetz, betr. die **Erwerbs- und Wirthschaftsgenossenschaften.** In der vom 1. Januar 1900 ab geltenden Fassung. Von **L. Parisius** und Dr. **H. Crüger.** Achte Auflage. Geb. 1 M. 50 Pf.

30. **Invalidenversicherungsgesetz** in der Fassung vom 19. Juli 1899. Nebst Ausführungsbestimmungen. Von Dr. **E. v. Woedtke,** Director im Reichsamt des Innern. Siebente Auflage. Geb. 2 M. 50 Pf.

31. Reichsgesetz, betr. die **Gewerbegerichte.** Von **L. Mugdan.** Vierte Auflage. Bearbeitet von **Cuno,** Stadtrath und stellvertretender Vorsitzender des Gewerbegerichts zu Königsberg i. Pr. 1 M. 80 Pf.

32. Reichsgesetz, betr. die **Gesellschaften mit beschränkter Haftung.** In der vom 1. Januar 1900 ab geltenden Fassung. Von **L. Parisius** und Dr. **H. Crüger.** Vierte vermehrte und verbesserte Auflage. 1 M.

33. **Das Vereins- und Versammlungsrecht** in Deutschland. Von Dr. **E. Ball,** Rechtsanwalt. 2 M. 25 Pf.

34. Reichsgesetz, betreffend die **Abzahlungsgeschäfte.** Vom 16. Mai 1894. Von **J. Hoffmann,** Geheimer Regierungsrath. 95 Pf.

35. Die **Reichs-Eisenbahngesetzgebung.** Von **W. Coermann,** Kaiserl. Amtsrichter. 2 M. 25 Pf.

36. Gesetze, betr. die **privatrechtlichen Verhältnisse der Binnenschiffahrt und der Flößerei.** Nach den Materialien erläutert von **H. Makower.** Unter Berücksichtigung der am 1. Januar 1900 in Kraft tretenden Reichsgesetze bearbeitet von **E. Löwe,** Landgerichtsrath. Zweite veränderte Auflage. 2 M.

37 **Gesetz zur Bekämpfung des unlauteren Wettbewerbes.** Vom 27. Mai 1896. Von Dr. **R. Stephan,** Regierungsrath. Zweite Auflage. 80 Pf.

38/39. **Bürgerliches Gesetzbuch nebst Einführungsgesetz.** In Verbindung mit Professor Dr. **André,** Amtsgerichtsrath **Greiff,** Amtsrichter **Ritgen,** Landgerichtsrath Dr. **Unzner** herausgegeben von Reichsgerichtsrath Dr. **A. Achilles.** Zweite vermehrte Auflage. 8°. Geb. 5 M. 50 Pf.

Dieser Band ist in größerem Format erschienen!

40. Gesetz, betr. die **Pflichten der Kaufleute bei Aufbewahrung fremder Werthpapiere (Depotgesetz).** Mit Erläuterungen, Einleitung und Sachregister. Von **F. Lusensky,** Geh. Regierungsrath. 90 Pf.

41. **Börsengesetz.** Vom 22. Juni 1896. Nebst den dazu erlassenen Ausführungsbestimmungen. Unter Mitwirkung des Geh. Ober-Regierungsrathes **A. Wermuth** bearbeitet von **H. Brendel,** Gerichts-Assessor, Hülfsarbeiter im Reichsamt des Innern. 1 M. 50 Pf.

42. **Grundbuchordnung** für das Deutsche Reich nebst den preußischen Ausführungsbestimmungen. Mit Einleitung von Professor Dr. **O. Fischer.** Zweite Auflage. Geb. 1 M. 80 Pf.

43. Die Gesetzgebung, betr. die **Zwangsvollstreckung in das unbewegliche Vermögen** im Reiche und in Preußen. Mit Einleitung, Kosten- und Gebührentabellen. Von Dr. **J. Krech,** Kaiserl. Geh. Regierungsrath und Professor Dr. **O. Fischer.** Zweite vermehrte Auflage. Geb. 2 M.

44. Das Reichsgesetz über das **Auswanderungswesen** vom 9. Juni 1897 nebst Ausführungsverordnungen und Anlagen. Nach den Materialien und unter Benutzung amtlicher Quellen erläutert von Professor Dr. **Felix Stoerk.** 2 M. 25 Pf.

45. **Das Entmündigungsrecht** unter Mitberücksichtigung der für Preußen geltenden Vorschriften (nebst der preußischen Justiz-Ministerial-Verfügung vom 28. November 1899). Text der civil- und prozeßrechtlichen Bestimmungen und Erläuterungen von Landrichter Dr. **P. Koll** in Cöln. Geb. 1 M. 50 Pf.

46. Die Gesetze des Reichs und Preußens über die **freiwillige Gerichtsbarkeit.** Mit Einleitung und Erläuterungen von **Herm. Jastrow,** Amtsgerichtsrath. Zweite erweiterte Ausgabe. Im Druck.

47. Das **deutsche Vormundschaftsrecht** und das preuß. Gesetz, betr. die Unterbringung verwahrloster Kinder vom 13. März 1878 nebst den dazu gehörigen Nebengesetzen und allgemeinen Verfügungen. Mit Einleitung und Erläuterungen von **Max Schultzenstein,** Oberverwaltungsgerichtsrath und Amtsgerichtsrath Dr. **Paul Köhne.** 2 M. 80 Pf.

48. Gesetze und Verordnungen, betreffend den **Drogen-, Gift- und Farbenhandel** außerhalb der Apotheken unter besonderer Berücksichtigung des Königreichs Preußen. Von Dr. **Broh,** Rechtsanwalt. 1 M. 25 Pf.

49. Die **Kolonialgesetzgebung.** Von Prof. Dr. **Philipp Zorn.** (In Vorbereitung.)

50. Der **Viehkauf** (Viehgewährschaft) nach dem Bürgerlichen Gesetzbuche von Rechtsanwalt **Dr. Hans Stölzle.** Nebst Anhang: Verordn. betr. Hauptmängel und Gewährsfristen beim Viehhandel. Erläutert von Kreisthierarzt **H. Weiskopf.** Zweite Auflage. Geb. 2 M.

51. **Hypothekenbankgesetz** vom 18. Juli 1899. Von Dr. **Heinrich Göppert,** Gerichts-Assessor. Geb. in ganz Leinen 1 M. 80 Pf.

52. Gesetz, betreffend die gemeinsamen **Rechte der Besitzer von Schuldverschreibungen.** Vom 4. Dezember 1899. Von Dr. **Heinrich Göppert.** In Vorbereitung.

53. **Reichspreßgesetz** vom 7. Mai 1874 nebst den einschlägigen Bestimmungen des Reichsstrafgesetzbuchs, der Gewerbeordnung u. s. w. Kommentar von **A. Born,** Polizeiassessor. Geb. 1 M. 50 Pf.

54. Die Reichsgesetzgebung über den Verkehr mit **Nahrungsmitteln, Genußmitteln** und **Gebrauchsgegenständen.** Von Dr. **Lebin,** Nahrungsmittelchemiker. In Vorbereitung.

Preußische Gesetze.

1. **Verfassungs-Urkunde** für den Preußischen Staat nebst Ergänzungs- und Ausführungs-Gesetzen. Mit Einleitung und Kommentar von Prof. Dr. **Adolf Arndt.** Dritte Auflage. 2 M. 25 Pf.

2. Preußische **Beamten-Gesetzgebung.** Enthaltend die wichtigsten Beamtengesetze in Preußen. Von **C. Pfafferoth.** Dritte Auflage. 1 M. 50 Pf.

3. Die **Zwangsvollstreckung in das unbewegliche Vermögen.** Von Geh. Rath Dr. **J. Krech,** und Prof. Dr. **O. Fischer.** » Siehe Reichsgesetz Nr. 43. «

4. Die **Gebührenordnung** für **Notare.** Von **R. Sydow.** Zweite Auflage herausgegeben von Gerichtsassessor Dr. **Mosler.** Im Druck.

5. Gesetz vom **24. April 1854 (betr. die außereheliche Schwängerung)** und die daneben geltenden Bestimmungen des Allgemeinen Landrechts. Von Dr. **Schulze.** 75 Pf.

6. Die Preußischen **Ausführungsgesetze und Verordnungen zu den Reichs-Justizgesetzen.** Von **R. Sydow.** Dritte vermehrte Auflage. 2 M. 40 Pf.

7. **Allg. Gerichtsordnung** und Preuß. **Konkursordnung.** Von **F. Vierhaus,** Geh. Ober-Justizrath. 2 M. 50 Pf. Vergriffen.

8. **Vormundschaftsordnung** vom 5. Juli 1875, nebst allen Nebengesetzen. Von Oberverwaltungsgerichtsrath **Schultzenstein.** » Siehe Reichsgesetz Nr. 47. «

9. Die Preußische **Grundbuchgesetzgebung.** Von Prof. Dr. **Fischer.** » Siehe Reichsgesetz Nr. 42. «

10. **Einkommensteuergesetz.** Vom 24. Juni 1891. Von Geheimrath **Meitzen.** Vierte vermehrte Auflage von **A. Fernow,** Ober-Regierungsrath. 1 M. 50 Pf.

11. **Gewerbesteuergesetz.** Vom 24. Juni 1891. Von **A. Fernow,** Ober-Regierungsrath. Dritte vermehrte Auflage. 1 M. 25 Pf.

12. **Allgemeines Berggesetz** für die Preußischen Staaten. Von **E. Engels,** Ober-Bergrath. Zweite Auflage. 1 M. 60 Pf.

13. **Ergänzungssteuergesetz** (Vermögenssteuergesetz). Vom 14. Juli 1893. Von **A. Fernow,** Ober-Regierungsrath. Zweite vermehrte Auflage. 1 M.

14. **Kommunalabgabengesetz.** Vom 14. Juli 1893, und Gesetz wegen Aufhebung direkter Staatssteuern. Vom 14. Juli 1893. Von **F. Adickes,** Oberbürgermeister. Zweite Auflage. 1 M. 25 Pf.

15. Die **Kreisordnungen** für den Preußischen Staat. Von **O. Kolisch,** Landgerichtsrath. 4 M.

16. Preuß. Ausführungs-Anweisung zu §§. 16 u. ff. der Reichs-Gewerbe-Ordnung, betr. **Genehmigung gewerblicher Anlagen.** Von Dr. **von Rüdiger,** Regierungs- und Gewerberath. 1 M. 50 Pf.

17. Preußisches **Gerichtskostengesetz.** In der Fassung der Bekanntmachung vom 6. Oktober 1899. Mit Kostentabellen. Von Dr. **P. Siméon,** Landrichter. Dritte Auflage. Geb. in ganz Leinen. 1 M. 80 Pf.

18. Preußisches **Stempelsteuergesetz.** Vom 31. Juli 1895. Nebst den Ausführungsbestimmungen und ausführlichen Tabellen. Von **B. Gaupp,** Geh. Regierungsrath und Regierungsassessor **P. Loeck.** Vierte Auflage. 3 M. 30 Pf.

19. **Jagdscheingesetz.** Vom 31. Juli 1895. Mit ausführlichen Erläuterungen nebst der Ausführungsanweisung vom 2. August 1898 und den Gesetzbuchmaterialien. Von **F. Kunze,** Wirklichem Geh. Ober-Reg.-Rath. Zweite Auflage. Geb. 2 M.

20. Gesetz, betr. die **Erbschaftssteuer.** Vom 19./24. Mai 1891 unter Berücksichtigung der Novelle vom 31. Juli 1895. Mit ausführlichen Erläuterungen von **P. Loeck,** Regierungsassessor. 1 M. 80 Pf.

21. Gesetz über die **Handelskammern.** Vom 19. August 1897. Mit Erläuterungen, geschichtlicher Einleitung sowie einer Uebersicht des Bestandes der kaufmännischen Vertretungen. Von **F. Lusensky,** Geh. Regierungsrath und vortragender Rath im Ministerium für Handel und Gewerbe. 3 M.

22. Gesetz, betr. **Anstellung und Versorgung der Kommunalbeamten.** Vom 30. Juli 1899. Mit einem Anhang, enthaltend die Ministerialanweisung vom 12. October 1899. Von Dr. **W. Ledermann,** Magistratsassessor zu Berlin. 1 M. 25 Pf.

23. **Ausführungsgesetz zum Bürgerlichen Gesetzbuche.** Von Landrichter Dr. **P. Siméon.** 1 M. 60 Pf.

24. Die **Hinterlegungsordnung** vom 14. März 1879 in der Fassung des preußischen Ausführungsgesetzes zum Bürgerlichen Gesetzbuch vom 20. September 1899. Nebst Ausführungsbestimmungen. Unter Benutzung der amtlichen Entscheidungen und Erlasse des Finanzministers. Von Regierungsassessor Dr. **Georg Bartels.** (Im Druck.)

FSC
www.fsc.org
MIX
Papier | Fördert gute Waldnutzung
FSC® C083411

Kolibri 360 GmbH
Ferdinand-Jühlke-Straße 7
99095 Erfurt, Deutschland
produktsicherheit@kolibri360.de